AFFIRMATIONS WORDSEARCH

Today I choose to be positive and happy

This edition published in 2021 by Arcturus Publishing Limited
26/27 Bickels Yard, 151–153 Bermondsey Street,
London SE1 3HA

AD008530NT

Printed in the UK

CONTENTS

"Attitude is a choice. Happiness is a choice. Optimism is a choice. Kindness is a choice. Giving is a choice. Respect is a choice. Whatever choice you make makes you. Choose wisely."

Roy T. Bennett

Imagine if we were given a tool that could help us to make positive choices in our lives, and to move toward achieving our dreams. Well affirmations are just such a tool. The word "affirm" comes from the Latin word meaning "to strengthen", and affirmations are designed to strengthen our feelings of self-worth and to motivate us to take action to improve our lives. They are short, positive statements that we can use to challenge unhelpful or negative thoughts, and when repeated regularly, the positive messages they contain will start to replace the negative thoughts that can be our default, so helping to build our belief in ourselves. And with that self-belief strengthened, we are more likely to start to take steps to make the changes we wish to see in our lives.

How do I use affirmations?

Affirmations are most powerful when they are repeated regularly. That could be each morning, so that you enter each day uplifted by self-belief. Or it could be before you go to sleep, to help you drift off unencumbered by any negativity from the day. Speaking them out loud gives them more power, as you are sharing your intention to make positive changes with the world.

> "Create the highest, grandest vision possible for your life, because you become what you believe."
>
> Oprah Winfrey

Where does this book come in?

Half of the puzzles in this book use affirmations as the words to search for, with the words on each line appearing as a string within the grid of letters. Start with any that have a particular resonance with you, because that may indicate that they concern an area of your life in which you'd like to see change. Concentrating on the positive words and their uplifting meanings as you look for them will be a benefit in itself, and then you can use the same affirmation to repeat at a time of your choosing.

The other puzzles may be more familiar to you as they're standard wordsearches, all on inspiring and uplifting topics, to help reinforce the message of positivity.

If you're new to wordsearches, you'll find them entertaining and fun to solve. They offer great exercise for our brains and also allow us some time of calmly being in the moment, while we concentrate on finding the hidden words, undistracted by the busyness of life for a little while. To solve the puzzles simply find each of the words listed, or each string of words in a line of the affirmations, in the grid above them. The words may run forward or backward, up or down, or diagonally in either direction.

So let's get started!

Find a pen or pencil and start with whichever puzzle takes your fancy, to begin to enjoy the benefits that affirmations can bring. Enjoy the journey to a new and more confident you, one who is ready to grasp the opportunity to make your dreams come true.

1

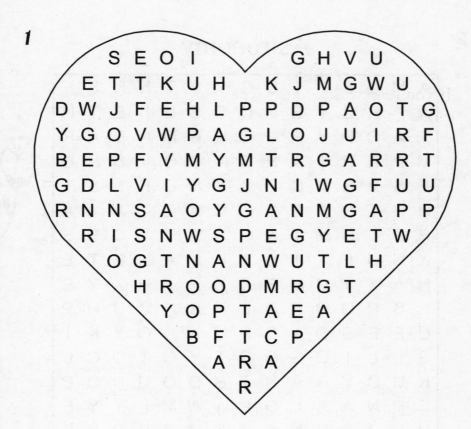

```
    S E O I      G H V U
  E T T K U H  K J M G W U
D W J F E H L P P D P A O T G
Y G O V W P A G L O J U I R F
B E P F V M Y M T R G A R R T
G D L V I Y G J N I W G F U U
R N N S A O Y G A N M G A P P
  R I S N W S P E G Y E T W
  O G T N A N W U T L H
    H R O O D M R G T
    Y O P T A E A
    B F T C P
    A R A
    R
```

I am
forging
my own
path
one
step
at a
time.

Astronomy

```
A M Q S H I U C Y V T N N S F
W P R C I E P O C S E L E T N
T A O P Y R U C R E M N B A R
M P E R I A P S I S O V U R U
E S V S U D P J X S C F L S T
U H T R A E Y O C A Z I A I A
P P L U M I N O S I T Y O B S
K H U F Y I S T P L A N E T E
N A X Y U M E Z Z H J R X Y S
L S P Q O R D L H B R J U H P
C E E S O I S P M A N O Y K I
S L L I O G Q G T Y O T O G L
K U D Y R A N I B D O U D Q C
F P N A A L O L W W M L Y Y E
U S J S Q N A U G V D P Q X Q
```

ABERRATION	EQUINOX	PHASE
ASTEROID	EUROPA	PLANET
BINARY	LUMINOSITY	PLUTO
COMET	MARS	SATURN
COSMOS	MERCURY	STARS
EARTH	MOON	SUNS
ECLIPSE	NEBULA	TELESCOPE
EPOCH	PERIAPSIS	VENUS

```
        H U D C
       I I N S H E
      E U Q I N U E S
   M T K A V M Y O W N
   O M A S E K L T U O
   G N I M R O F R E P
   R W W V S E V E N W
    O L E E M I V D
      L E H T N I
        E I A M
```

*I am
performing
my own
unique
role
in the
universe.*

Full of Zeal

```
S H T M R A W S Y Z E S T E P
S S F A Q W O Y T F B T E R A
E D E V I R D X I A I N X I T
N E A V E U Y X D N G E C F I
T D G O T R M Z I A O M I E W
S I E S O W V F V T T T T H I
E C R T Y D O E A I R I E G L
N A N L Z H E Z R C Y M M U L
R T E L N N F I B I Z M E S I
A I S E E S P A S S I O N T N
E O S R R S M Y N M D C T O G
R N G H F M I L I T A N C Y N
M Y Y T I S N E T N I V Q O E
V E H E M E N C E L C Q X N S
M S A I S U H T N E B U O A S
```

AVIDITY	ENTHUSIASM	PASSION
BIGOTRY	EXCITEMENT	SPIRIT
COMMITMENT	FANATICISM	STUDY
DEDICATION	FIRE	VEHEMENCE
DRIVE	FRENZY	VERVE
EAGERNESS	GUSTO	WARMTH
EARNESTNESS	INTENSITY	WILLINGNESS
ENERGY	MILITANCY	ZEST

5

```
          M M
        V S Y T
      D K Y D W A
    B C P M F R U A H R
O P P O R T U N I T Y T K V
T L S J E C O T E Y A U A P
N Y K E C C G D P Y S A Y
O Y N V M H E A R V T I L E
  I H T E O E V Y A V L K
    V K I R C I E V B A
    G U D A A B W R L N
    R N U N M A H L Y R
    A E N E R G I Z E D
      L J R     O K C
```

I am

energized

and ready

to grab

every

opportunity

that

comes

my way.

6   Wise Words

```
E U N J E F G Y M O D S I W E
R Y C E R L S B R U G H T P Y
L O E H L S B P R U D E N T B
A R O L A L E A R N E D E O I
T N O S B X T Y N X O C I E N
J U D I C I O U S O W K P T D
V I E O O N S L V I S O A I T
M Y T N G F S N U K J A S D U
I L A C N O H C E F O C E U T
N L C L I R R O Y S E E E R O
D C U E W M E W U R T R A E R
F W D V O E W L N U A M A L E
U D E E N D D I T W S T Y C D
L A E R K Q N S A Z S A U P F
J I U S L G A H J T H G I R B
```

ASTUTE	INFORMED	REASONABLE
AWARE	JUDICIOUS	SAPIENT
BRIGHT	KNOWING	SASSY
CAREFUL	LEARNED	SENSIBLE
CLEVER	MINDFUL	SHREWD
DISCERNING	OWLISH	SMART
EDUCATED	PRUDENT	TUTORED
ERUDITE	RATIONAL	WISDOM

7

```
        T E B C
    D A N O W A Y S
    G P O A Y A P T J B
  J F U D R D C C W I T G
  H G D N D M N Y H R I M
F H L G A L A H J A I R I E
P G A O T D N I M L P E L O
A E A L P C Y S U B V B V K
Y W F I S Y T P V V A S E E
  M G T M D H O P P V Y M
  K T P S O I R A K U I F
    Y E M I N C A V A B
    K S T G T H M P
        I F L J
```

*I am
smart
and
capable
enough
to achieve
anything
I set my
mind to.*

Spring Bouquet

```
E S C R V A C N K F C B E D C
R N E P Q A N E M O N E L A X
L O L T I L V A S C F I L X A
L S A E H L P F O Y D I S E U
E M N L H I S L R O L U U V R
B A D O Z C T W F W C P A O I
E R I I W S D F O O Q I E L C
U A N V F D A Q R C L Q I G U
L H E O M D R C P L W R N X L
B W O C Z R X O E T A P S O A
Z T Y S N A P M P C I I B F L
F R E E S I A A S L R M T S L
N U I B L C L U U I Y L I L I
D F T O N E M T E G R O F E U
A S U E L K N I W I R E P A M
```

ALLIUM	CROCUS	MUSCARI
ANEMONE	DAFFODIL	PANSY
AURICULA	FORGET-ME-NOT	PERIWINKLE
BLUEBELL		RAMSONS
CAMELLIA	FOXGLOVE	SCILLA
CELANDINE	FREESIA	SNOWDROP
COLTSFOOT	IRIS	TULIP
COWSLIP	LILAC	VIOLET
	LILY	

```
        F W O
      I O I G T D G
    W S N J L N W K R
  K Y G I A K E I W Y K
  O W Y A D L W T R T L
J A E Y S C O L S G P P U
W E Y H O F I E E I O S Y
S N D M T U D K I D R J P
W E H F A S N R T A Y
O E E D O O S R A S M
  F U L N H U O C I
    A F E A E W C
        U N K
```

I let go
of my
worries
and
welcome
in all
of the
joys of
spring.

Birds

```
D K A T L P M L R U G U G D X
R P Y E E I E I G N N D D X J
I B Q L H A A T F O T W N F C
B P P Y G R R T R O O S T E R
E N K L Y W O L N E I S N X J
T V E E S H Q E J I L P E B V
A W O F X M E B N F P I P I T
G H U D B X X U I V D F J Q F
I S T O R K T N Y X E E A Z W
R E I N G H C T B E N G U L L
F J P S A H K I T E K I R H S
W V H T K W U N X I R R B E F
M Y C V C I S G A O X P U O T
T H R U S H N N O E G I P T R
Y D H U R X H K P X N X J O R
```

DOVE	LITTLE BUNTING	ROOK
EAGLE	NUTHATCH	ROOSTER
EGRET	PETREL	SHRIKE
FINCH	PIGEON	SISKIN
FRIGATE BIRD	PINTAIL	STORK
GOOSE	PIPIT	SWAN
GULL	RHEA	THRUSH
KITE	ROBIN	TURKEY

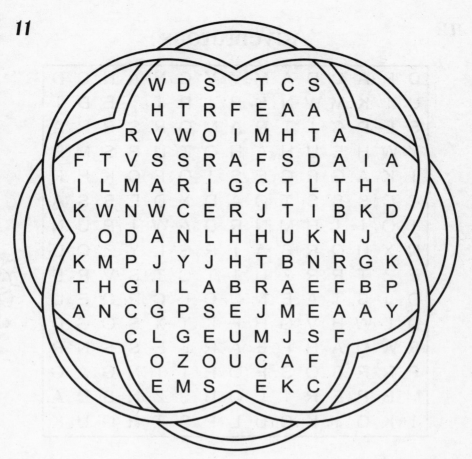

```
W D S     T C S
H T R F E A A
R V W O I M H T A A
F T V S S R A F S D A I A
I L M A R I G C T L T H L
K W N W C E R J T I B K D
O D A N L H H U K N J
K M P J Y J H T B N R G K
T H G I L A B R A E F B P
A N C G P S E J M E A A Y
C L G E U M J S F
O Z O U C A F
E M S   E K C
```

I am as
light
as a
feather
drifting
on a soft
summer
breeze.

Adventurous

```
D P A C D A M Y Y C N A H C D
U I K M W N S P I R I T E D I
S E P C I T N A M O R S H R A
Y W H E U H A H Q T U P S M R
I K A G R E S I O F C K H F
C C S S T O A D X D E S S A
T O I I H M N R D A W I P U N
N X U O R B A I R S L Y Z O U
E Z T R R Z U I T O T S V R E
D J B T A E N C O L C R Q E U
U L W H V G H F K T X S O G D
R W O A H F E A R L E S S N R
P R R B Q S P O R T I N G A G
M B P E R I L O U S Z N B D A
I K Q Y K C U L P S T H G U K
```

BOLD

BRAVE

CHANCY

COURAGEOUS

DANGEROUS

DARING

FEARLESS

FOOLISH

GUTSY

HAZARDOUS

HEADSTRONG

HEROIC

IMPRUDENT

INTREPID

MADCAP

PERILOUS

PLUCKY

RASH

RISKY

ROMANTIC

SPIRITED

SPORTING

SWASH-
  BUCKLING

UNAFRAID

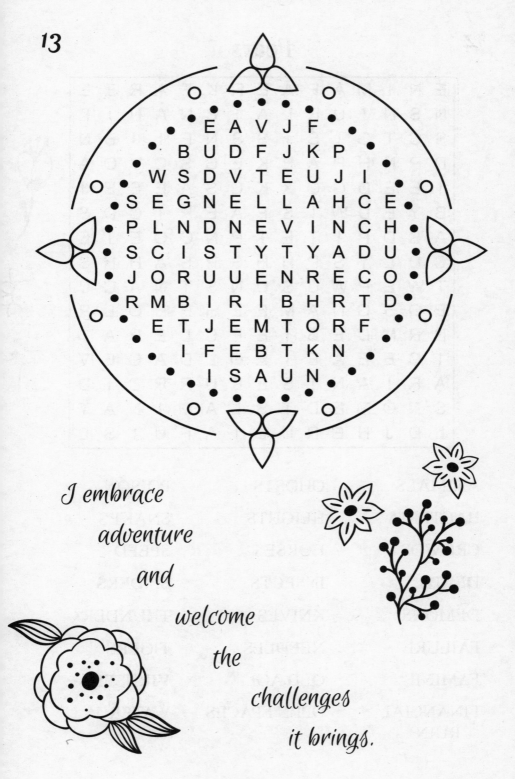

```
    E A V J F
    B U D F J K P
  W S D V T E U J I
  S E G N E L L A H C E
  P L N D N E V I N C H
  S C I S T Y T Y A D U
  J O R U U E N R E C O
  R M B I R I B H R T D
  E T J E M T O R F
    I F E B T K N
      I S A U N
```

I embrace
adventure
and
welcome
the
challenges
it brings.

14 Fears

```
E N I M A F A E R K F A R E E
N S N I U R L A I C N A N I F
S C T G I S I S S N E I J B N
D R N H H A E K E C S C V O A
I E E D G O X K C S A E S E J
B Y E D W I S F A E R I C D S
A S D P I T E T P N O O E T E
C D L Y S P H H S P S A H H S
T W E P W U S U N S T N A C U
E O S G N A M E E H R H O L R
R R M D E B T E P C L E R A I
I C E E A E I E O L D A G E V
A R I A N I S E R U R R C I D
S N O M E D T S L A M I N A T
L D J H E R U L I A F U I S L
```

ANIMALS

BACTERIA

CROWDS

DEATH

DEMONS

FAILURE

FAMINE

FINANCIAL RUIN

GHOSTS

HEIGHTS

HORSES

INSECTS

KNIVES

NEEDLES

OLD AGE

OPEN SPACES

POISON

SNAKES

SPEED

SPIDERS

THUNDER

TIGERS

VIRUSES

WATER

15

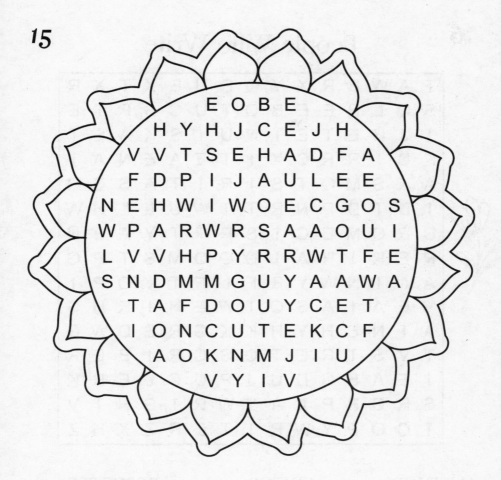

```
        E O B E
      H Y H J C E J H
    V V T S E H A D F A
    F D P I J A U L E E
  N E H W I W O E C G O S
  W P A R W R S A A O U I
  L V V H P Y R R W T F E
  S N D M M G U Y A A W A
    T A F D O U Y C E T
    I O N C U T E K C F
    A O K N M J I U
        V Y I V
```

I am proud
of myself
when
I face my
fears with
courage
and grace.

People Who Write

```
T A W B R X Y Q R U E X T X R
S C L R E E B O T U C S R T E
I J H E T E T N U I S K A E T
R U I R R C X I T E A E N A I
A X S M O T S I R I T A S C R
I D T D P N R T T W U L L H W
D R O M E C I S R R T Y A E N
R E R I R A I C O O M S T R G
A W I N W Y R F L F T V O P I
M E A I A S O T W E N I R H S
A I N S H Y H K K G R B D W G
T V S T R E T O S C R I B E R
I E A E G D U J P U C L E R K
S R O R P L A Y W R I G H T V
T C O P Y W R I T E R Z X H Z
```

AUTHOR	EDITOR	REPORTER
CHRONICLER	ESSAYIST	REVIEWER
CLERK	GHOST-WRITER	SATIRIST
COPYWRITER		SCRIBE
CRITIC	HISTORIAN	SIGNWRITER
DIARIST	JUDGE	TEACHER
DOCTOR	MINISTER	TRANSLATOR
DRAMATIST	PLAYWRIGHT	WAITRESS
	POET	

```
            C
            M U P
F L         C O J         H E
Y N I T S E D N W O L
W U L S Y C P M O
T S E R D G P R I
D C N F C F B N T M T S D
B H O W R I T I N G M E N N S
S B O C T C O I T R A M F
  Y I Y C R E M Y M
  M M A B B H R V I
V F B F M G O I U N C
O R         T T S         J P
            S H A
            H
```

I am
writing
my own
story and
am in
control
of my
own destiny.

Healthy Eating

```
Y T S A T K D H Z Y C W D Y D
G Z O L L I D A R G O R Q H A
T J U I R H U B A R B G E N L
P P P T D J C R S E S L U P A
C Q H N A X E A F W W T D R S
A D W E T S S X N E R L N H T
U C A L F E C A M I P C O E O
L T F E L Y Q I T P P A F N M
I P E P R L B I N B R S R I A
F E P R U B O J P A B S F G T
L A O E R N N V N A G E V R O
O N T C M I Z W G E H R U E I
W U A I Y H K U O P W O O B O
E T T P D N B S M R I L Z U A
R F O E L W V G I B B E H A E
```

APPLES	LENTIL	SKIRRET
AUBERGINE	NUTRITION	SOUP
BROWN BREAD	ORGANIC	SPINACH
CASSEROLE	PEANUT	STEW
CAULIFLOWER	POTATO	TASTY
FONDUE	PULSES	TOMATO
GRAPEFRUIT	RECIPE	VEGAN
	RHUBARB	YOGURT
	SALAD	

```
      P I Y M R
    C N C R Y H J S T
  S M O K B O E T I D S
  R L T O I T V T L I S
N D U D B O O A I H A V E
Y M Y G U U H J L D H E B
J L L A H T I W B M I D H
K I Y G A B D P S E W N V
G N O R T S D N A T F N G
  C J U S G W T D U T U
  I M N E E D S E O P U
    H A C U W N B H T
      I V E E V
```

*I am
providing
my body
with all
that it
needs
to be
healthy
and strong.*

20 Control

```
L E M M A R T V G Z P E V L Z
S E E T O I T Y G M W N K E M
N Q G B M H E X P R A R U L E
Z J L I P R A K W Y X E E M I
J E L E U D M R V P R V S Q S
V T C S N S L T N Z I O S J B
O E N I L N I P E E K G E N S
N E D C U B A N T M S B R W U
T I U I I U I H A C B S P G B
B R N H U A N S C O H O E L D
B T N I R G T T C W S E R I U
F I S T E E R H G S V V C M E
L H S O R R X V E B F I C K G
O E Y H O L D S W A Y R B Y U
R P I L O T S T H A N D L E L
```

CHANNEL	HARNESS	REIN IN
CHECK	HOLD SWAY	REPRESS
CURB	INHIBIT	RESTRAIN
DRIVE	KEEP IN LINE	RULE
ENSURE	LIMIT	SEE TO IT
GOVERN	MASTER	STEER
GUIDE	PILOT	SUBDUE
HANDLE	POSSESS	TRAMMEL

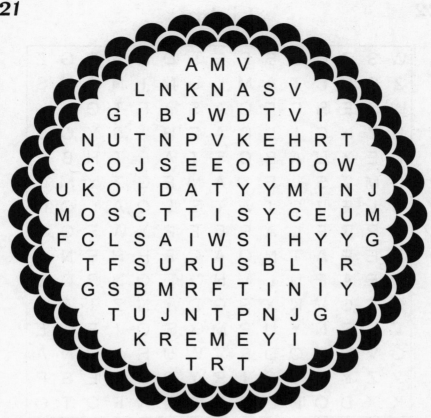

```
      A M V
    L N K N A S V
  G I B J W D T V I
N U T N P V K E H R T
C O J S E E O T D O W
U K O I D A T Y Y M I N J
M O S C T T I S Y C E U M
F C L S A I W S I H Y Y G
  T F S U R U S B L I R
  G S B M R F T I N I Y
    T U J N T P N J G
    K R E M E Y I
        T R T
```

I listen
to my
intuition
and
trust
my inner
guide.

Lights

```
W S Z C Q B F E L D N A C G Z
Z C H C T A M L U M I N O U S
W Z E H C F G A S J E T O X L
H T H G I L D A E H I S Y G E
L E X U A B C S T A R T H B E
C M Z S L F L A M E G T Y M C
S L E J C T W T E L O A L O N
B R R F L A R E E R X W F O E
R E P A T N O A C B H H E N C
W E A P U L M H V E O N R D S
O F C M N X S G D I N Z I A E
L K R N Y U P M X Z O I F W L
G V N N O D R V W U H L H N A
Y Z Y T I C I R T C E L E S P
K X D O P D S L F L W P Q T O
```

BEAM	GLEAM	OPALESCENCE
CANDLE	GLOW	SCONCE
DAWN	HEADLIGHT	SHINE
ELECTRICITY	LASER	STAR
FIREFLY	LUMINOUS	TAPER
FLAME	MATCH	TORCH
FLARE	MOON	ULTRAVIOLET
GAS JET	NEON	WATTS

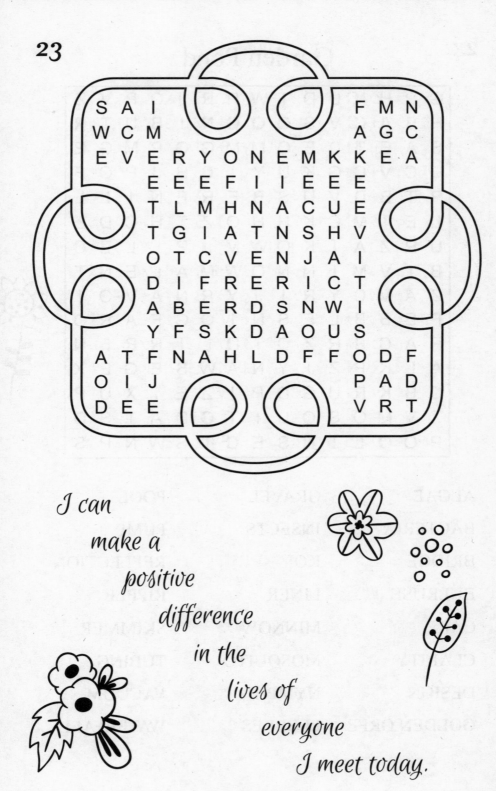

```
S A I              F M N
W C M              A G C
E V E R Y O N E M K K E A
  E E E F I I E E   E
  T L M H N A C U   E
  T G I A T N S H   V
  O T C V E N J A   I
  D I F R E R I C   T
  A B E R D S N W   I
  Y F S K D A O U   S
A T F N A H L D F F O D F
O I J              P A D
D E E              V R T
```

I can
make a
positive
difference
in the
lives of
everyone
I meet today.

Garden Pond

```
G P H N U D T W P R J O P V Z
H B A C V S Q Q G N I B U T R
S A E T D E Q M M G G P M G E
U C V C G K U Y I C H J P O F
R T B D V U S B E R E N I L L
L E I M C K H H O Z T H C D E
U R Z A I K O W M J P L L E C
B I V M I N N O W M A L E N T
Z A M C Y R I J Y R N A V O I
P E B B L E S N I Q G F A R O
R A C B R Z D T Q L I R R F N
A L K P Z I Y N A W S E G E X
C B K R U G D P I Z E T X U P
Z V M O S Q U I T O D A T S D
P O O L I N S E C T S W N P S
```

ALGAE	GRAVEL	POOL
BACTERIA	INSECTS	PUMP
BRIDGE	KOI	REFLECTION
BULRUSH	LINER	RIPPLE
CARP	MINNOW	SKIMMER
CLARITY	MOSQUITO	TUBING
DESIGN	NYMPH	VACUUM
GOLDEN ORFE	PEBBLES	WATERFALL

```
        T V U K
    K I S M T I R K
  G M A R A E E L A Y
  E M U W R C A S O U
K N B Y U H J A N Y C J
G T W T A I Y S O S A Y
K D A R L G Y V I V T D
J N G N I C A R B M E O
  E E L K I N T E N D
  P R O A L Y F K W Y
    D N E P S I F F
        L T T Y
```

I spend

time

embracing

nature

as a

means to

recharge.

Be Brave

```
D L O B J Y B G M L T C U P Z
C C C M K S J Y E B H G A M E
V P I C P B Z J T U R A A U F
W Y U N D A U N T E D A N M Q
Q L T Q T Z A Z L Y Z A Z L R
P D N T I R P A E D F E D E T
Q A A D I A E A K R O T O T N
Y R L S H R T P A A V U U N J
K I L U H Q G I I H Y L G A B
E N A O F B D M A D E O H I H
E G G R E L A C I O T S T L M
H S U O I C A D U A F E Y A H
C C Y L S H E R O I C R N V F
S L N A T H J F E A R L E S S
K G S V Y U H W J S Y K E B O
```

AUDACIOUS	FEISTY	METTLE
BOLD	GALLANT	PLUCKY
BRAZEN	GAME	RESOLUTE
CHEEKY	GRITTY	STOICAL
CHUTZPAH	HARDY	UNAFRAID
DARING	HEROIC	UNDAUNTED
DOUGHTY	INTREPID	VALIANT
FEARLESS	MANLY	VALOROUS

```
      F             B
   F  H  A  M  I     I  G
   R  F  C  O  A     Y  O
S  E  M  O  C  T  A  H  T  E  G
F  O  L  K  G  K  W  C  K  Y  H  N  V
E  M  A  I  Y  R  V  W  N  T  M
B  N  T  M  M  K  J  M  A  N  I
J  N  J  D  V  K  E  J  F  I  H
L  A  P  Y  G  T  F  K  O  O  D  E  F
Y  T  I  S  R  E  V  D  A  C  H
   M  I  T  M  B  W  A
   E  V  A  R  B  F  C
   D              G
```

*I am
brave
in the
face
of any
adversity
that comes
my way.*

Growing

```
G N I Y L P I T L U M Z A G P
B G N I T O O H S G U P W N R
U A G A A Y M B P N S G V I O
L C N V J A A E R I H N C N L
G N I D N E T X E N R I L O I
I G N I G R U S A E O X I E F
N N E G B U R P D D O A M G E
G I P N U F I T I I M W B R R
N R E I D R N G N W I R I U A
I E E V D A G B G N N I N B T
L P D I I I Q N E D G S G T I
L S T R N S Z B O O M I N G N
E O T H G I E H G N I N I A G
W R C T G N I S S A M G E M Z
S P R I N G I N G U P V E R A
```

BOOMING

BUDDING

BULGING

BURGEONING

CLIMBING

DEEPENING

EXTENDING

GAINING
 HEIGHT

MASSING

MATURING

MULTIPLYING

MUSH-
 ROOMING

PROLIFERA-
 TING

PROSPERING

RAISING

RISING

SHOOTING

SPREADING

SPRINGING UP

SURGING

SWELLING

THRIVING

WAXING

WIDENING

```
    B J I A G
A S W E F O N E S
G P L N L N I I B
R L A U N I T N O C W
I K M H Y E N R U O J
D A B T B H P A K U U
I I H W O E F E S P T
T B O O V K D L T G I
T I R N N P F I S
O B G A A V O R E
    K S J O Y
```

I am
on a
continual
journey
of learning
and
growth.

Better and Better

```
F D R E D E N I L M A E R T S
I E R E V A M P E D Y M F R O
T S R H G O D R X K I V E O U
T I D E E N U Q E J K G A I N
E V N E T A O G I G G H U R D
R E C K D R L L J I R Y O E E
A R V Q S N A T B L E A T P R
D I E J D H E M H J T C L U O
G R E A T E R M S I E C V S T
R P O L I S H E D R E U E T S
S H J S H J T C R P W R F U E
R E C I N N T O I W S E I W R
P E N H A N C E D R Z D N E N
X B Y S U I R E O H N L E L U
M Y J V D E R E V O C E R L L
```

BIGGER	HEALTHIER	REVAMPED
CORRECTED	LARGER	REVISED
CURED	LONGER	SMARTER
ENHANCED	MENDED	SOUNDER
ENRICHED	NICER	STREAMLINED
FINER	POLISHED	SUPERIOR
FITTER	RECOVERED	SWEETER
GREATER	RESTORED	WELL

```
    P A R V       G E P T
  O E K J C F   M Y E R D T
S G O L P B P J J O U H H I L
L K P T R E E V D N E T F U
G L L M R H V T S V S W T F R
B L E S P O N O T U M C T G O
I L O W L B F E P E N R H G N
  N I I K R I P N Y R G D C
    N U H E O L A I U W G
      E V R V S A O Y W
        T O M M R R V
          J A H R A
            T S H
              V
```

I am a
better
person
through
the support
of the
people
I love.

Admirable Adjectives

```
G L H F S U O I C A R G G B M
N A A T T R A C T I V E D W P
I Y C N Q P U T S E D O M E E
D O L S E D Z U L Y X R E V C
N L E U W C O T L S E R A G H
U Q V P T E E D N L L R L E A
O S E E G C N S B E B M A N R
T X R R B I M A S G I M I T M
S R O B K T D S J A T D N L I
A G F R S N H E Y R R S E E N
W S O E E I A K U L H Y G B G
U Q N M N R J S Y J E B Z T O
F O M I S K T G Z A G V M F O
H O N N G Y W O R T H Y O T D
C G T G N I S I R P R U S L E
```

ASTOUNDING

ATTRACTIVE

BRAVE

CHARMING

CLEVER

COMMEND-
   ABLE

GENIAL

GENTLE

GOOD

GORGEOUS

GRACIOUS

HONEST

KINDLY

LOVELY

LOYAL

MODEST

NECESSARY

OBEDIENT

PEERLESS

SHINING

SUPERB

SURPRISING

TRUSTY

WORTHY

```
    A D D H
  A N C R B T
R A V J V P P I
I S U R R O U N D W
G M F L E S Y M E T
A D M I R A B L E E
L U F T C E P S E R
V I M O O U E D
I P E T L S
  P D Y F
```

I surround myself with admirable and respectful people.

Amusing

```
R Y T T I W G N I B R O S B A
G L P L E A S I N G Q Z G O E
G R A B M I R T H F U L N Q Q
N A H U M O R O U S L E I Q G
I L G P G B Y N U T A R L N N
T U T N C H E E R I N G I K I
R C O M I C A L Y H O N U C G
E O E Y M X U B I E I T G H A
V J H E L X A L L A T Y E A G
I R R S O E A L T E A N B R N
D R A I I R V R E S E N D M E
Y V P H I G E I H R R U R I I
Y L L O J T G E L L C F O N N
K R U G N I Y A L P E N L G G
E S L E L Y I B W B R Y L N D
```

ABSORBING

BEGUILING

CHARMING

CHEERING

COMICAL

DIVERTING

DROLL

ENGAGING

ENTER-
TAINING

FUNNY

HILARIOUS

HUMOROUS

JOCULAR

JOLLY

LAUGHABLE

LIVELY

MERRY

MIRTHFUL

PLAYING

PLEASING

RECREA-
TIONAL

RELAXING

WAGGISH

WITTY

```
        E L
      N A T D
      A U C G K N
    K W G M H V D F A I
  M M D H L J U O E N Y M I H
  L W T E T N E M Y O J N E Y
  I E Y S M M I P L T A F S K
  R S O P P O R T U N I T Y W
  O Y E L K C T O L K Y T
    F V S M L L Y V P H
    I E C J L M E O C I
    J R J W N S T W B Y
    W Y P I T F V R I S
      E N M     E V E
```

I welcome

every

opportunity

for

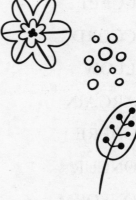

laughter

and

enjoyment

in my life.

Agree

```
E E I K I W C G D H F R W W R
R L P K I A E Z D I G J D Q F
E H O V T G M L T C H F U U D
H S Q U A R E T O C E T I N U
O T K G O I O R T P E R M I T
C C N F Y G R A Y G L B C S L
O E N E E M C C B O K C O Z
N O U T S S A N C T I O N N P
C E H P U N D E R S T A N D R
U E O I P X O A A G J A J Z O
R N T A L L Y C S U C G A G M
D D Q X Q H C Q X C L L R S I
W F F X B O Z Q E Y L A L V S
N I A G R A B P P O N G H G E
L A W D K R T B W T E E M H Y
```

ACCEPT	CORRESPOND	SANCTION
ACCORD	ENGAGE	SQUARE
ALLOW	FIT TOGETHER	SUIT
BARGAIN	GRANT	TALLY
COHERE	MATCH	UNDERSTAND
CONCUR	MEET	UNISON
CONFORM	PERMIT	UNITE
CONSENT	PROMISE	YIELD

```
        H F N C
    S N E R O F V H
  N Y A H F I V A G N
G T E E C E S T C I D M
F H O V A P S R S A R J
L P I G N O L U G L N A L R
J G O N P R S C B W D I N Y
H I M A B P O S M C C R A F
O A A Y H P E I F S A W S Y
  U T G D A P D C S L Y R
  L S C R I S A V N M I A
  W W H E T H E R L K
    C K P E J M B Y
      N W I J
```

I approach

discussion

fairly

and calmly

whether

or not

I agree.

Escape

```
L E Z K X T I L I A T H G I H
I E L U D E Q E P O L E S O E
A Y X D T A E R T E R C A E D
T A E H D F O J W L A F L A I
N W T F A A F P H R E F E H R
R A R C J U D O P A R G I E R
U T S A E Q S E N J W F I Z E
T E N S E F R T K U I F L T Y
N G E S B P E K H S R O S U A
T D A C L A P D Q V I E E O W
A O K A E K I A V H S K A K A
V D O T M V T L S J E A O A P
O U F T V Z A A O I U T U E I
I J F E L Q E D R U D M A R L
D M Z R A S I D E S T E P B S
```

AVOID	EVADE	RUN OFF
BAIL OUT	EXHAUST	SCATTER
BREAK OUT	FLEE	SIDESTEP
DEFECT	GET AWAY	SKEDADDLE
DISAPPEAR	HIGHTAIL IT	SLIP AWAY
DODGE	JUMP	SNEAK OFF
ELOPE	LEG IT	TAKE OFF
ELUDE	RETREAT	TURN TAIL

```
        H E R
     T D N J N A E
    D B E E B E J U H
   U V O M P J C W M F L
  J E N L A I A M H J M
 P C O M E C B P M F E R L
 F M D K H S V S L J E N G
 I B Y B W E P E B W R N J
  A M S R O C H Y J I F
  E L H E T B T H L D R
   U L V L D L E D T
    K O A F E H I
        W F W
```

I allow
myself
the space
to escape
when
I am
feeling
overwhelmed.

Goodbye

```
O I R E E H C E E R I O U N Y
M G V U O Y G N I E E S E B X
R N O A R A N O Y A S H K T P
V I Z A Z R V I J Y E V B I D
C V Z B I E G F A S U N R V E
W A V E R C A W R S S T P Y E
D E N U U R A E B E T E N N P
U L A E E G D T T N H G S G S
D R I W N E K T A D C A O O D
U D E I I B I S S O T Y L O O
A L O W Y N A O F F A O O D G
L G F E G E I T D F P V N B H
Q U B O L D T A T A S N G Y V
A Y F P A T O O D L E O O E P
E F E R U T R A P E D B A N G
```

ADIEU	CHEERIO	PLEASANT TRIP
ADIOS	CIAO	SAYONARA
AU REVOIR	DEPARTURE	SEND-OFF
AUF WIEDER-SEHEN	DESPATCH	SETTING OFF
BE SEEING YOU	FAREWELL	SO LONG
BON VOYAGE	GODSPEED	TA-TA
BYE-BYE	GOING AWAY	TOODLE-OO
	GOODBYE	WAVE
	LEAVING	

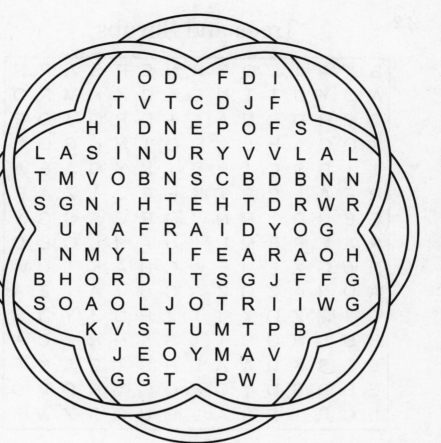

```
      I O D     F D I
      T V T C D J F
    H I D N E P O F S
  L A S I N U R Y V V L A L
  T M V O B N S C B D B N N
  S G N I H T E H T D R W R
  U N A F R A I D Y O G
  I N M Y L I F E A R A O H
  B H O R D I T S G J F F G
  S O A O L J O T R I I W G
    K V S T U M T P B
      J E O Y M A V
      G G T   P W I
```

I am
  unafraid
    to say
      goodbye to
        the things
          in my life
            that
              I have
                outgrown.

Trees and Shrubs

```
B X W J E Q E B N E P S A P P
W O Y U T T N E A D K K M R O
Q M R D N U A L T D P O J O P
K Q Q A H L L D G I N K G O L
I I D S C I P E I K Y Q A E A
R F A L R P T R E C D I Z A R
E E U D I R N Y O R C A S G Y
R A E P B M P I U A H L O B O
N W G X L U E W C H A K T U W
A D N A Z G Z A C B J A I E A
U J M Z O X J T Z R U J Y D G
H U L R O Q I T G K H R E C A
L E S K U W A L N U T E A K F
E E R B D Y C E O G M R G P D
L O R I F S A L G U O D Z W F
```

ACACIA	ELDER	POPLAR
ACER	GINKGO	TEAK
ASPEN	GORSE	THUJA
BALSA	JUDAS	TULIP
BIRCH	LIME	WALNUT
CAROB	MONKEY PUZZLE	WATTLE
DATE		WITCH HAZEL
DOUGLAS FIR	PEAR	YEW
	PLANE	

```
        T U E S Y
        E P M E F U S
      G N W N D U I W O
      I C R S E C E U L J R
      S S E H U G P I U Y P
      D O R R T E O P D U M
      F F W O E C R E R P J
      P K D D O I I P K S C
      F E Y R T O N J U
      R M V S E K A
        S E E D D
```

My life

is rooted

in a

deep

sense of

purpose.

Communicate

```
F S R E E Z L G O D J Y I C Y
G E S T U R E B R M D G A Q C
B Y I G T O T E X T I N G R G
I R G C T C T R O P E R Q R P
W D T O E L E D C O N V E Y D
N D I L L Q R J I U W E M A T
B O I S U O Z Y O A T X E V I
G Y S K C S L I I R G L I L M
O R J S P O N Y E X P R E S S
L E K Q A F U O T D O C A T N
B C O B O P V R C C C R J M A
C O P R E B P A S R A U F L R
B R M I S S I V E E O D J O T
W D L Q Z C O N T A C T E G P
Z R Q P K V E C H D P Q Q O W
```

BLOG

CONSULT

CONTACT

CONVEY

DACTYL-
  OLOGY

DIAGRAM

DISCOURSE

GESTURE

GREET

INFORM

LETTER

LOGO

MISSIVE

PASS ON

PLEAD

PONY
  EXPRESS

PRAY

PROJECT

READ

RECORD

REPORT

TEXTING

TRANSMIT

WRITE

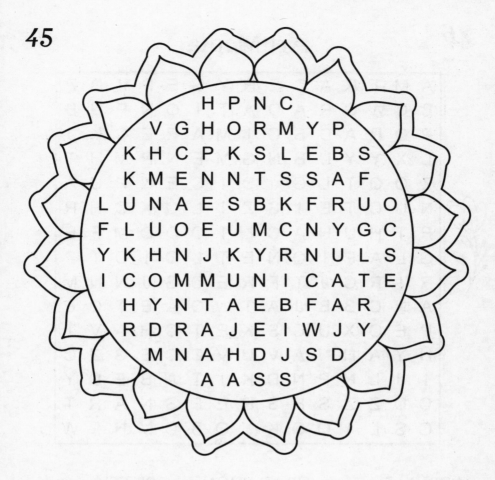

```
        H P N C
    V G H O R M Y P
  K H C P K S L E B S
  K M E N N T S S A F
  L U N A E S B K F R U O
  F L U O E U M C N Y G C
  Y K H N J K Y R N U L S
  I C O M M U N I C A T E
  H Y N T A E B F A R
  R D R A J E I W J Y
  M N A H D J S D
      A A S S
```

I communicate

my needs

openly

and

honestly.

Art Media

```
A M T R A C E R Y G E P J D P
B C W G R A D A T I O N P U B
P Q R A D S C I M A R E C K J
L X Y Y U B N G M E N R M H T
Z O Q T L G J O I C E N P U A
N U C T E I S Z I L O X C H R
R T H U H A C L I O D D M F E
G L A P I Q N E T L O I O I P
R I R C J T F R E O G J N N M
A N C B B J A T W Q A E T G E
P E O X U C S K E T C H A V T
H Y A H N A V U V C C E G Z C
I J L N P N D K I T A B E D Y
C D Z Z S H S R E F S N A R T
G S L I O O K Y O B C M H P W
```

ACRYLIC	GRADATION	PUTTY
BATIK	GRAPHIC	RELIEF
CARTOON	MONTAGE	SKETCH
CERAMICS	MOSAIC	TEMPERA
CHARCOAL	OILS	TINGE
CRAYON	OUTLINE	TRACERY
DAUB	PASTEL	TRANSFERS
GILDING	PENCIL	WOODCUT

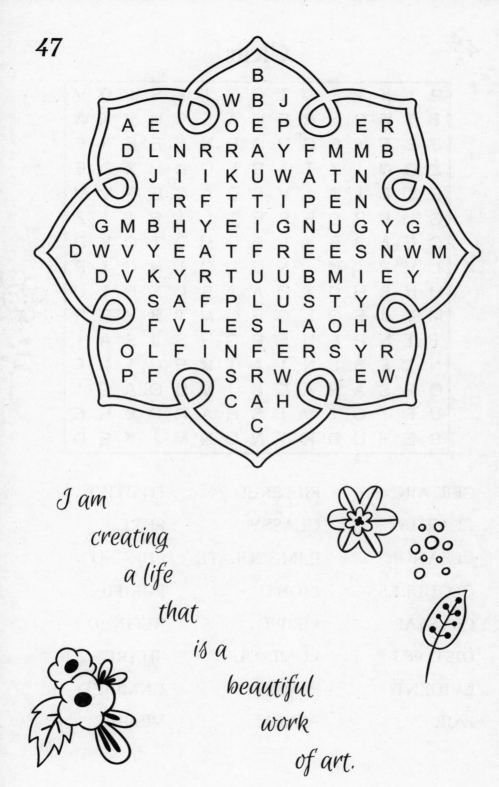

I am
creating
a life
that
is a
beautiful
work
of art.

Clear

```
P I X T E W T C N I T S I D V
T T U P H R F H A L B U V K W
J B T H F G U D E N I F E R F
Z D Q I Z T I P L U P M X D E
E L B I S I V L C A C E P V M
G L P R D E R E T L I F I I Z
G L A S S Y V E O M Q T O Y D
L V P I H I N U M O I N C T P
U H S H D T D A I S L X R I U
M Y J E O L C E O M T B Y R R
I I N P E U F P G H S J S A I
N T F S L N I A T R E C T L F
O P S A H A C L J M U O A C I
U F T C I V I S H A R P L R E
S E H U D R T N U N M I X E D
```

CERTAIN	FILTERED	POSITIVE
CLARITY	GLASSY	PURE
CLEAN	IMMACULATE	PURGED
CLOUDLESS	LIGHT	PURIFIED
CRYSTAL	LIMPID	REFINED
DISTINCT	LUMINOUS	SHARP
EVIDENT	PATENT	UNMIXED
FAIR	PLAIN	VISIBLE

I O P M D
W S J N C T H W F
V E I M G L I S J P D
K V J S N M I M C C E
S E E I I H W B F E N P P
R P I Y V P T H A E E U P
W I H I T E F O A L Y F C
G P C H M I E A P T B E V
J E A A H A R F C V I P Y
B N V J B M A D F V H
T M E R O D V L B D S
E G E U I A V C L
S T R S K

I have

clarity

about

what I

wish to

achieve

in life.

Mountains

```
D E Q S I N A I Y E J I J U F
H I K A I T P E D R V U V S X
A A H G D N D I U R E M K O M
U I L P A E E C U R B I R H Y
L U S K D T N C A B N K N T W
A L M T E K L T A L U N G A G
G I Q N A H A T B P D N G O R
I T D N J N G R K L K B N C I
R E A A V A L L E C A G T I C
I V V R M U N E J I G N H R N
K E N Y A S Z N Y A N W C K I
M R M E Z R U G U R Y I Q H R
D E L I E B A R E G I E A U E
P S U P M Y L O T N U O M R K
Y T U H C C I P A N Y A U H U
```

ARARAT	FUJI	MOUNT OLYMPUS
ATHOS	GONGGA	
BRUCE	HEKLA	RAINIER
CENIS	HUAYNA PICCHU	SINAI
DENT BLANCHE		STANLEY
	JANNU	TAHAN
DHAULAGIRI	KENYA	TALUNG
EIGER	KERINCI	TEIDE
EVEREST	MERU	TRUSMADI

```
        E U N
      S M I C A N P
    H W N T N L D E J
    I B Y J I B V V I A V
    P R G I F A Y N R S T
  G O U C W N I T U R U M G
  P H D R E M H L N Y M F O
  S J D V S E L H I U C K A
  M O R E U Y F E W O O
  M A F K S I F F P P M
    B E T D T T P G B
    L R Y H D W P
        D C W
```

I can

move

mountains

in the

pursuit

of my

dreams.

Relax

```
E E N L E A M D A Y D R E A M
P Z M E S N A Y T S H Z T Y C
U A O W O W G E K X O S N Y C
N G F D P O J N E O E O U S T
E R E U E D I P N I D N Z A P
T A S C R W M S S O W A N E K
H T W A Y O A P F I H E E T C
G S O T Y L G F N J K L C I A
I E R N I S I D E C S H U E B
L O D A T M N Y A O I N R K T
F J L P V O E L E L B E V A I
K Y L W A T S V L E L Z C T S
R E B M U L S O N A C W E Y D
B V H H A R U D X C Y Y C G Z
B T S A O T H I B E R N A T E
```

CATNAP	LIGHTEN UP	SLEEP
CHILL OUT	NOD OFF	SLOW DOWN
DAYDREAM	RELAX	SLUMBER
DOZE	REPOSE	SNOOZE
DROWSE	SHUT-EYE	STARGAZE
FORTY WINKS	SIESTA	TAKE IT EASY
HIBERNATE	SIT BACK	UNBEND
IMAGINE	SLACKEN	UNWIND

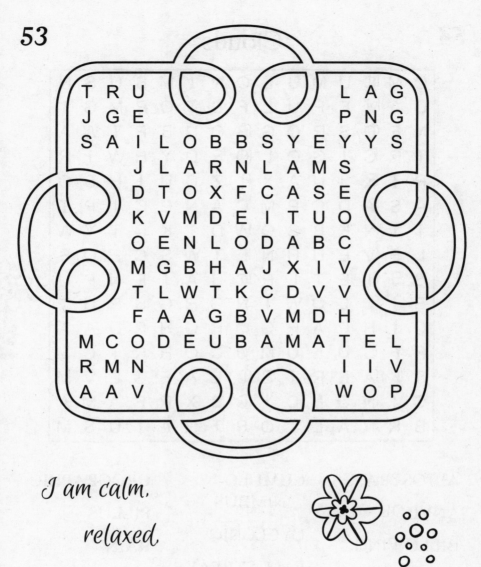

```
T R U                 L A G
J G E                 P N G
S A I L O B B S Y E Y Y S
  J L A R N L A M S
  D T O X F C A S E
  K V M D E I T U O
  O E N L O D A B C
  M G B H A J X I V
  T L W T K C D V V
  F A A G B V M D H
M C O D E U B A M A T E L
R M N                 I I V
A A V                 W O P
```

I am calm,

relaxed,

and at

peace

with

who I am.

Clouds

```
C M C U M U L O N I M B U S N
O A Y F F U L F S T O R M G I
N E D S R Q G B O U B P T W A
T R C I G O L O R D Y H W I R
R T K J U A X I Z C U I H S O
A S A D C P M C A N E C I P T
I T N K B S Q W D T K D T Y W
L E V E U H N E T W S C E O S
S J I E T L R C B A I E N P U
B I L L O W I N G R G S R U T
C I H P A R G O R O H R D A A
P F S U L U M U C O R R I C M
S K A E R T S L L A F G E V M
C I N O L C Y C B X R F A M A
B R R A L T O S T R A T U S M
```

ALTOSTRATUS

ANVIL

BILLOWING

BLACK

CIRRO-
   CUMULUS

CIRRUS

CONTRAILS

CUMULO-
   NIMBUS

CYCLONIC

FALL STREAKS

FLUFFY

HYDROLOGIC

JET STREAM

MAMMATUS

MARE'S TAIL

OROGRAPHIC

PILEUS

RAIN

SNOW

STORM

THUNDER

VIRGA

WHITE

WISPY

```
        K C T I
      M H M W E O S M
    C W Y Y L V H J M T
    L P Y L K V W O V E
  J O L S O I E R B S M I
  I U T T C L F R A D F M
  F D M J T D I E V K M A
  P S Y N T N L L J Y T D
    T D Y G E W M G H O
    O A C R M L J O Y I
      Y I A K W S O O
          W N E N
```

*I release
from
my life
those
who
bring
clouds to
my day.*

Exploration and Discovery

```
N V H O G N O C A P E H O R N
I Z E B M A Z K L Q R Y R N M
H N O I T I D E P X E R A G O
Z I C T R W V J E A X E C L E
G B S A C Z B D S T P V S F M
C X K P S C A T L S L O A A E
I O F J A R F Z E I O C G C C
R K M N T N R C M T R S A I R
T U O P L H I V A I E I D T E
H E J G A P C O C A R D A C M
S W U I S S A T L H S S M R M
K S L C J E S T R A V E L A O
T A H I T I I P A T R O N T T
W A T E R F A L L P J S B N N
H A E N I U G W E N A U P A P
```

AFRICA	DISCOVERY	PATRON
ANTARCTICA	EXPEDITION	SPICES
CAMELS	EXPLORERS	TAHITI
CANOES	HAITI	TRADE
CAPE HORN	HISPANIOLA	TRAVEL
COMMERCE	INCAS	UJIJI
COMPASS	MADAGASCAR	WATERFALL
CONGO	PAPUA NEW GUINEA	ZAMBEZI

```
      L         E
   H H K Y W X K
   Y O C V A P D
 U G W R B W K L M A H
 F M G N I R E V O C S I D
 M A R Z I C R R O I F
 N D I O X Y D I D I S
 E B I N M G W N T E E
 F W T N S H H T G I H D K
 W G H G O O S M A N D
   N I M M A S C
   T R U L Y A M
      P         G
```

*I am
exploring
new
horizons
and
discovering
who I
truly am.*

Good-looking

```
D Y N K J Y N N O B P H R F E
S E Z S U O R O M A L G S E M
K Q F E T N A I D A R H B T O
E X C O M E L Y D W N Z T C S
G X J R Z A L S M A R T N H N
C R Q Y C N T B V F P Q A I I
L O A U S F H J A X G P G N W
I U R N I Y V S H N E L E G V
E Z F Y D S D U I L O Y L R F
I N E I T Q I N Y L O S E E U
B F I T T T N T A S Y V R H P
R N A F U U E F E D T T E E R
D E V I T C A R T T A C S L P
V S V S R T N E P M F D N F Y
A L L U R I N G B F O X U V R
```

ALLURING	ELEGANT	PERSONABLE
ATTRACTIVE	EXQUISITE	PRETTY
BEAUTIFUL	FAIR	RADIANT
BONNY	FETCHING	SHAPELY
COMELY	FINE	SMART
CUTE	GLAMOROUS	STUNNING
DANDY	GRAND	STYLISH
DAPPER	LOVELY	WINSOME

```
    P W E D W
  U V S L L H N V A
  V P R P B N G I L
  B E A U T I F U L M Y
  F O I A T S R U Y R W
  H E D I A S R I E A H
  P M A Y D O W V T Y W
  Y M N F A P E B C R G
  E H W A N P T U R
  L W S I Y D O C E
    R J M O C
```

*I am
beautiful
in every
possible
way,
mind
body, and
spirit.*

60 Clever Things

```
G Z Y L R E T S A M A N R F R
A Y K E S X M L U Y T L I I A
C T Q T H P X D E N R A E L H
C F U U R E S Y L N R N A R J
O A A T E R D W Z A C O U E T
M R L S W T N P C C A I K S X
P C I A D E L O O H C S E I W
L V F Q Y I R L C E N S E W B
I I I F D N D S U X S E N T H
S P E B R E I H A F E F B E L
H Y D B R E L A F S T O S E T
E T I O R D A L R F Q R H R N
D U T H Q Z T D I B F P A T I
C U N N I N G Z Y K J M R S J
T B I N F O R M E D S S P X J
```

ACCOM-
    PLISHED

ADROIT

ALERT

ARTFUL

ASTUTE

BRAINY

CANNY

CRAFTY

CUNNING

EXPERT

INFORMED

KEEN

LEARNED

MASTERLY

PROFES-
    SIONAL

QUALIFIED

READY

SCHOOLED

SHARP

SHREWD

SKILLED

SMART

STREETWISE

TUTORED

```
    I F U N        E T V K
  A T Y O H H   M Y A R P J
M B G R V R Y M U R J I A L M
T A N D C O M P E T E N T M P
B S H B A K N Y A S A E R T S
V J T N E G I L L E T N I W B
J H S H E B A B P I D B S M S
  D E C I S I O N S F K G A
  U K O G K T D N M E N
  E A A M D M F D D
  R M V B T E C
  M C B C A
    E Y N
      I
```

I am
    intelligent
        and competent
           and can
              make
                smart
                  decisions
                    for my life.

Rivers of Europe

```
N O I V R E N O M C A I L A H
K J C U T X I N R P E R O X K
N N O V A L F T A A O R N K K
S O R G N A S I V P B A I O K
E E I V J O H P X E V J D O F
S N M Q Q C N Q F A H J Q B L
S Y I A C N J N R L D R N O Y
K J U E H P C D A R G O I R J
S T R M S T N X I H C U X G H
G A G E B I I H V I S K N W O
M F D U E B J Y B I I G A L T
S F N S Z X B U Q B E V M M N
E G T E J O R U O D A N E W A
D E W C M A R I T S A X N A F
R E C K N I T Z E B L E I E O
```

ARNO	LOIRE	RUBICON
AVON	MARECCHIA	SANGRO
DNIESTER	MARITSA	SAVA
DOURO	MEUSE	SEINE
DRAVA	NEMAN	SHANNON
EBRO	NERVION	TAFF
ELBE	OFANTO	THAMES
HALIACMON	RECKNITZ	VIENNE

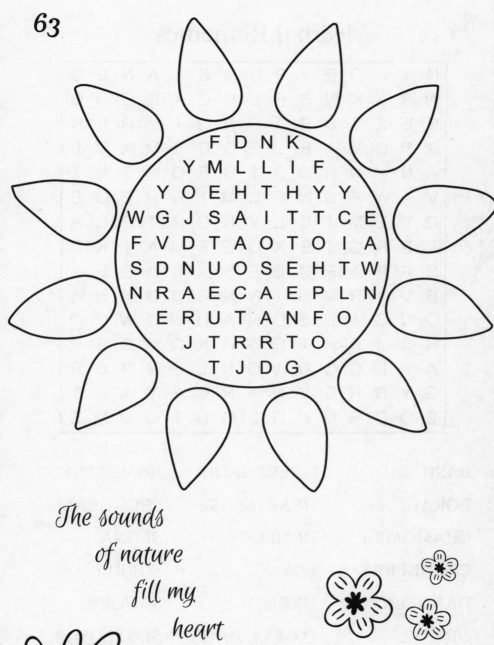

```
        F D N K
      Y M L L I F
    Y O E H T H Y Y
    W G J S A I T T C E
  F V D T A O T O I A
  S D N U O S E H T W
  N R A E C A E P L N
  E R U T A N F O
    J T R R T O
      T J D G
```

The sounds
of nature
fill my
heart
with
peace
and joy.

Herbal Remedies

```
N Y K O E Y P U R S L A N E U
W S S K N S P L H G X R Z H Q
E E Z I C E A P N G I N G E R
G N D M A E L E O D S M X M L
A N Y N H D S I S P Q M T L I
V A W F U N E U M T E U E O S
O Y L M I S L Y N O R T P C A
L E R G T E X Q E F M A I K B
S F P A R S L E Y X L A E H I
B V V R M G I N K G O O H H W
O N O I L E D N A D W O W C O
R S J F P T S W D K Q Q D E R
A V K C O D W O L L E Y D C R
G Y R R E B N A R C F Y A A I
E D O R N E D L O G T Q U M S
```

BASIL

BORAGE

CHAMOMILE

CRANBERRY

DANDELION

GINGER

GINKGO

GINSENG

GOLDENROD

HEARTSEASE

HEMLOCK

LOVAGE

ORRIS

OX-EYE DAISY

PARSLEY

PURSLANE

ROSEMARY

SELF-HEAL

SENNA

SORREL

SUNDEW

SUNFLOWER

WHITE POPPY

YELLOW
DOCK

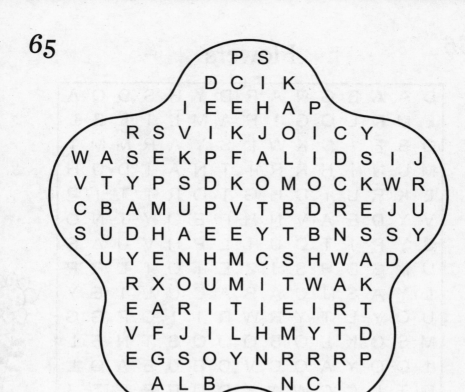

```
            P S
          D C I K
        I E E H A P
    R S V I K J O I C Y
W A S E K P F A L I D S I J
V T Y P S D K O M O C K W R
C B A M U P V T B D R E J U
S U D H A E E Y T B N S S Y
  U Y E N H M C S H W A D
  R X O U M I T W A K
  E A R I T I E I R T
  V F J I L H M Y T D
  E G S O Y N R R R P
    A L B   N C I
```

I love

my body

as it is

and make

choices

that

respect it

every day.

66

Flowers

```
D A A E G N A R D Y H S D Q A
F M D L O G I R A M L I L B L
Q B F I N K W L S Y A R M M I
M U N I H R R I T N A I D U H
L K R U I D H G T O R T T I P
V Y D E A V N H P E O Y T N O
S Y P I T D U I L P H V U A S
U M S D H S J Z E I O I L R P
L Y A S J C A B A C U L I E Y
U O Y L T Y R W R I I Q P G G
M S Q K L O B O O Q S T N E L
I O O Y A O C V C E U E A O L
M T L C C W W K D U R R E T J
E I C E L I L A R K S P U R S
L S F G C A L I L P U Y X C F
```

ANTIRRHINUM	HYDRANGEA	MIMULUS
ASTER	IRIS	MYOSOTIS
CROCUS	JONQUIL	ORCHID
DAISY	LARKSPUR	PEONY
DIANTHUS	LILAC	STATICE
FREESIA	LILY	STOCK
GERANIUM	MALLOW	SYRINGA
GYPSOPHILA	MARIGOLD	TULIP

```
        H W I V
      W B M W O R B K
    L R E F A Y N B A Y
  C O M A J N B D D A E A
  K F A U A B L W W E G K
  C F W J T I U G E I M R G V
  A L I T Y R I A Y E T C V N
  A L H L P D N I I F I H D R
  C E L M L D B M J L E R H V
    S V Y K E C M B R Y V H
    M K C A Y D G U V G L T
      A O F M O T H E R V
        I M S A V N A U
          N G V B
```

I am filled with awe and wonder at the beauty of mother nature.

Emotions

```
P W I O C O O F X A I E I E D
R A E F N R D G S N M D V F O
O L N K X R E U S R X I A K L
I T K I O D S G E O B R D O W
R F S R C P E G N D E P V R G
R P R U E V R Z S A T E W E N
I E Z N G E C W S T R F Y M I
T X S P T S N O E L A T I O N
A E M U I F I N L I Y H X R R
B P T E N T M D P U A W E S A
I D P B T I Y E L G L L C E E
L R P R T W F R E C S T A S Y
I E C Y Z W H B H L A V E R I
T A V B T U J C J G C R P V M
Y D R E C N E L O V E N E B U
```

ALARM	ENMITY	PITY
ANGER	FEAR	PRIDE
BENEVO-LENCE	GUILT	REGRET
BETRAYAL	HELPLESS-NESS	REMORSE
DISGUST	IRRITABILITY	SUSPENSE
DREAD	LOVE	TERROR
ECSTASY	PANIC	WONDER
ELATION	PEACE	YEARNING

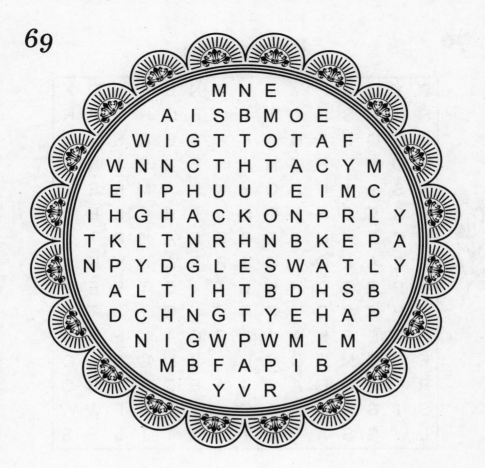

```
        M N E
      A I S B M O E
    W I G T T O T A F
  W N N C T H T A C Y M
  E I P H U U I E I M C
I H G H A C K O N P R L Y
T K L T N R H N B K E P A
N P Y D G L E S W A T L Y
A L T I H T B D H S B
D C H N G T Y E H A P
  N I G W P W M L M
    M B F A P I B
        Y V R
```

I can
master my
emotions by
changing
the way
I think
about
things.

Recyclable

```
B Y Q E P Y A H S N B F S O X
R G E S E L T T O B O R J P R
F G O L F B A L L S E R S T I
T O N Y E X N A S B B S I N C
N S I I U Z Q Y N K A M K S I
E S E O H S O S V L B C B E T
W R C N U T E B G E A H B I S
S E A L O X O J R R W B V R A
P P R G O H U L T I S T E E L
A P P B O N P R C K C I S T P
P O E F K A I L C G I K E T M
E C T M R D C H L J M Q S A O
R G A G G A I J A E O P V B C
S I B E N N A R F V C F F W W
L Y S S A G S T E X T I L E S
```

BATTERIES	CLOTHING	JUNK MAIL
BOTTLES	COMICS	NEWSPAPERS
BOXES	COPPER	PLASTIC
BRICKS	GLASS	SHOES
CANS	GOLF BALLS	STEEL
CARPET	INK CART-RIDGES	TEXTILES
CELL PHONES	IRON	TIMBER
CHINA	JARS	TOYS

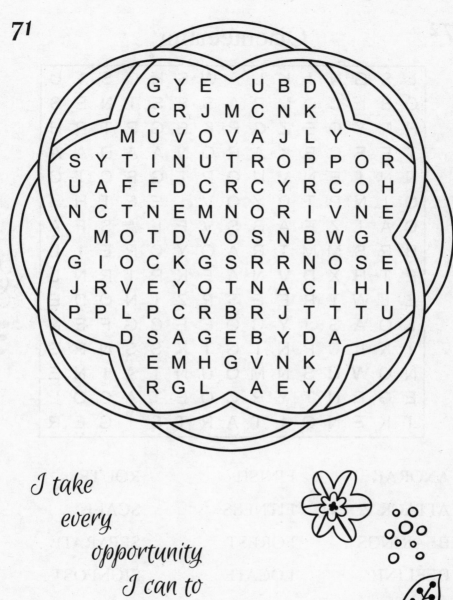

```
      G Y E   U B D
      C R J M C N K
     M U V O V A J L Y
  S Y T I N U T R O P P O R
  U A F F D C R C Y R C O H
  N C T N E M N O R I V N E
    M O T D V O S N B W G
  G I O C K G S R R N O S E
  J R V E Y O T N A C I H I
  P P L P C R B R J T T T U
    D S A G E B Y D A
      E M H G V N K
      R G L   A E Y
```

*I take
every
opportunity
I can to
protect and
respect
nature
and the
environment.*

Orienteering

```
L S G N I K L A W S H O S I U
O S L C O M P A S S S I N E S
R R Y O E Z G R K E G P T P H
T E F C B K A R O N A A D A A
N N I E N M U Q P T G B C T C
O I N P T D Y O V I E E T H H
C A I Z E A S S V F L A S F A
B R S M M T R A O Y C R E I L
E T H X D V N A F K R I R N L
E L W T R E E S P Z I N O D E
L O A S J Y C O E E C G F E N
I K L C P N I G T K S S N R G
N Q W U S N M O U N T A I N E
E G F H T Y R C O E T A C O L
I K F N O I T A R T S I G E R
```

ANORAK	FINISH	ROUTE
ATTACK POINT	FITNESS	SCALE
BEARINGS	FOREST	SEPARATE
BEELINE	LOCATE	SIGNPOST
CHALLENGE	MOUNTAIN	SYMBOLS
CIRCLE	NAVIGATE	TRAINERS
COMPASS	PATHFINDER	TREES
CONTROL	REGISTRA-TION	WALKING

```
      O           O
      G L H L O
      G O D W K O J
    R J G N I D I U G
    S F U L F I L L I N G
    U M E T O W A R D O C
O   C D A D W C I E L Y S   O
    K E V E R Y T H I N G
    T O M O R R O W P L O
    W W T O D A Y I S
      P F N L Y H F
      C A S G M
      O           O
```

Everything
I do
today is
guiding
me toward
fulfilling
my dreams
tomorrow.

Words Starting SUN

```
W R S U N P E N U S E M H W F
O S O E N S U N G L A S S E S
B J U C E W U J S E Y S U D M
N S U N D A E N B U S U N N S
U T S A D U C N S U N N E U U
S I U D N R U T N C J D U S N
U U N N S S I D S N E O A E B
N S H U U M R E U E S G K Y I
L N A S N E C S D C I O S T R
A U T S N H T M O O R N U S D
M S V C U R D E Q T N A N X H
P I H H E N I H S N U S W U G
N E K N U S D N Q N S R A N S
D K S U N B U R S T U A R U P
S U N H L S G R Y G K S D S S
```

SUN DANCE

SUN DOG

SUN HAT

SUNBEAM

SUNBIRD

SUNBOW

SUNBURST

SUNDAE

SUNDAY

SUNDEW

SUN-DRENCHED

SUN-DRIED

SUNDRY

SUNGLASSES

SUNKEN

SUNLAMP

SUNNIEST

SUNRISE

SUNROOM

SUNSET

SUNSHINE

SUNSTROKE

SUNSUIT

SUNWARD

```
      K T K M
    A S H L G D N Y
  C S E I N D E A D Y
  U S G G I V E S M E
W U H T G N E R T S M E
N G S L C F T G S P G J
P O H K C D E W E N E R
A N D V I T A L I T Y R
M K I E J U L I Y B
Y J J U C E R N A U
  U I R E A E J H
      F E R F
```

Feeling
   the sun
      on my
         face
            gives me
               renewed
                  strength
                     and vitality.

Horses

```
M R D P F I L L R E T N U H G
V O T N Y Y R A N S Y U G K D
W A D L A B W E K S E R I H S
G N I Q G T I O T G S B I B E
W S O W W G L C C V E Y E R G
X Z T V H X O N I M O L A P I
H N I I Q E D O Z I H I L B F
R O I E R Z T R G W S F T T W
Y I S A B R D B N V R G Q R H
Z L M E A H U L A D W I F O P
T L L H V P W P T G P I N T O
N A B I O O V N S L F W D T L
M T I N F N O I U G O O K I L
T S Y G I R T H M J A C O N A
A J H G J W J B I T L E A G G
```

BAY	GREY	PONY
BIT	HOOVES	ROAN
BRONCO	HUNTER	SHIRE
COLT	MARE	SHOES
FILLY	MUSTANG	SKEWBALD
FOAL	NEIGH	STALLION
GALLOP	PALOMINO	STIRRUPS
GIRTH	PINTO	TROTTING

*I respect
and feel
compassion
toward
all of the
animals we
share our
planet with.*

Education

```
T U Y A S S E S S M E N T A D
E V M B O Q L C S O M K J N E
S R E Q C P H I X A Y I O K A
T O D L E O S C N S L I X R N
S L A J O F L E F E S C T O D
N L C L T D G L M N S X Y W E
O E A R O R E R E E O Q F E G
I C G L A S E H O G S G S M R
T N T N R M E R O T E T R O E
I A T U Y R M A U T U A E H E
U H O G P O T A U T N T E R Q
T C C M G S X O R I C Z E F A
X P O A I G C E M G T E A R G
A C T N O S S E L R D Q L M O
E C N E I C S F O R O T C O D
```

ACADEMY

ASSESSMENT

CHANCELLOR

CLASS

COACH

COLLEGE

COMPRE-
    HENSION

COURSE

DEAN

DEGREE

DOCTOR OF
    SCIENCE

GRAMMAR

GRANT

HOMEWORK

LECTURER

LESSON

LINES

SCHOOL

SCOUT

SEMESTER

SEMINAR

TESTS

TUITION

TUTOR

```
      G W E A D
    O H E S L W F G G
  D Y P V L P H E O S T
  D G U E E S G E N T N
L I A V R A N T M I E L A
A A N Y Y R F O S Y A M H
S E I T I N U T R O P P O
G A B H R I P T P B Y S R
C R N H M N V F R G G O A
  N O I P G M I A A F O
  M M W R H N S O N P V
    A B T G O U J U D
      S H E R F
```

Every
day
brings
me new
opportunities
for
learning
and
growth.

Choose

```
O C P U E K A T V V Y C O V D
J U M P A T A T T O F W W X T
T L W L S J Y P I Z I P T M E
U L T Y F I C O F U T C P D H
N E T A N G I S E D A P E J Z
E D I C E D N T E B R S C U K
X Z V S M R X N S T E C C U A
V R W G S D R A W O T N A E L
O A O E K I L W S P A L B L Z
T P N O X I F M P R E F E R T
E P N G Y P D T Y V E J Y O H
F O I I O T S V G O Q L W Y N
O I W A F F I L I A T E E B S
R N Z R I Q O R S N Z A W C Y
Y T C O N F I R M M Y Z G Y T
```

ACCEPT	FIX ON	SEE FIT
AFFILIATE	GO FOR	SETTLE ON
APPOINT	JUMP AT	SIFT
CONFIRM	LEAN TOWARD	TAKE UP
CULL	LIKE	VOICE
DECIDE	OPT	VOTE FOR
DESIGNATE	PREFER	WANT
ELECT	RATIFY	WINNOW

```
        S E V
      I R M I G U L
    T R N C O O U P C
  K A O H C K I E R T O
  F R O M Y L G R O O Y
  L J O F B Y R U T Y A E K
  F S P M S N S D D D E B D
  E V E R Y O N E O I F O B
  A H W U I M T L T N T
  W L E K A L B E F O G
  E A H S T E I C C
    N A V M B W R
        I F H
```

I choose
to be
kind to
everyone
I meet
today,
including
to myself.

World Heritage Sites

```
Y L A K I A B E K A L U U T A
J U P Y N Z N V S V B V D Q Y
O A D A S A M J N X Y W J C I
D Q X B P D I Z A K B T E V T
M E Y G Q H K U T R L C M T M
A O L N U T O S I B O Z I M D
L T O O C D L S M X S Y L O A
I Q J L S H J R G S E F A G D
X V I A L A K N A H C T I A L
A F J H M U R I D A W A R O I
T O E G U X N I Y H K T I C K
Y U M E R R A S A S E E R A T
R N I V A H C T U P P W I V S
E I H O B Q R M C H H Y R E Y
D G A R V A H A T T U I H S E
```

AKSUM	HATRA	ST KILDA
ANJAR	HIMEJI-JO	TAXILA
BISOTUN	ITCHAN KALA	TIMGAD
BYBLOS	LAKE BAIKAL	TIYA
CHAVIN	MASADA	TYRE
DELOS	MOGAO CAVES	UM ER-RASAS
DJEMILA	PAPHOS	WADI RUM
HA LONG BAY	PETRA	YIN XU

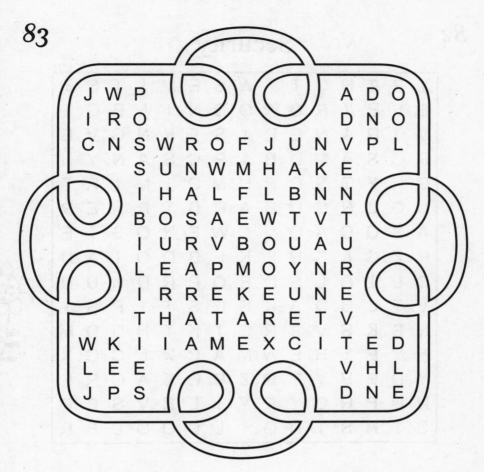

```
J W P                 A D O
I R O                 D N O
C N S W R O F J U N   V P L
    S U N W M H A K E
    I H A L F L B N N
    B O S A E W T V T
    I U R V B O U A U
    L E A P M O Y N R
    I R R E K E U N E
    T H A T A R E T V
W K I I A M E X C I T E D
L E E                 V H L
J P S                 D N E
```

*I am excited
about the
possibilities
for
travel and
adventure
that are
open to me.*

Security

```
Y P Z H C T I W S E M I T S T
E L L I R G W O D N I W E G F
M J R I N E R I S F K N G V E
P C S A M D B I P C S A N Y H
G K F T S G R H M O I M I R T
U O J R G U B A R D T R H E R
A S C C A Q V C W E R O S I E
R Z G A S U P K L B D O I A D
D L G O L S D E O P R D H U N
V T C C D A K R R S T I P S I
N B K S V F R C T K T H D D M
H Y E I H E W M A C X L C G X
Y D R H Y T R Z P O E A O R E
N U F R O Y F Y I L R V S B P
S T H S T H G I L D O O L F R
```

ALARM	FRAUD	RISK
BOLTS	GUARD	SAFETY
CCTV	HACKER	SENSOR
CODE	ID CARD	SIREN
DOGS	LOCKS	THEFT
DOORMAN	MINDER	TIME SWITCH
DRAWBRIDGE	PATROL	VIRUS
FLOODLIGHTS	PHISHING	WINDOW GRILLE

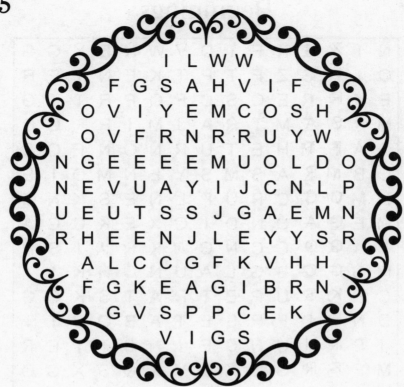

```
      I L W W
    F G S A H V I F
  O V I Y E M C O S H
  O V F R N R R U Y W
N G E E E E M U O L D O
N E V U A Y I J C N L P
U E U T S S J G A E M N
R H E E N J L E Y Y S R
  A L C C G F K V H H
  F G K E A G I B R N
    G V S P P C E K
      V I G S
```

I create a

safe and

secure

space

for myself

wherever

I am.

Beginnings

```
N I Y E K F T D V W N E Y G G
O I R G Z F T P T K E N T E R
E K R R E O S C F Q P R T T G
M R W E M T R A J M I R F G D
O A F M H E T U R N O N F O O
C B M E A S M S Y L N M O I E
H M W T C P U P L N E S K N T
M E E F O N D I G X E K C G A
L A K F C C N C W K R J I S N
M G F G B G L A U N C H K I I
C R O P U P E T R A T S K O G
D N U O F R S E T A B O U T I
J S P L U N G E I N C I T E R
M F F P S Z X L V N Q S X C O
K E T A R U G U A N I T M G K
```

AUSPICATE	FOUND	ORIGINATE
COME ON	GET GOING	PIONEER
CREATE	GET ROLLING	PLUNGE
CROP UP	INAUGURATE	SET ABOUT
EMBARK	INCITE	SET OFF
EMERGE	JUMP OFF	START
ENTER	KICK OFF	TURN ON
ERUPT	LAUNCH	USHER IN

```
        O              B
    I  W  F  F  H  T  C
    C  S  U  A  H  L  F
  J  A  G  T  J  A  N  W  O  Y  M
  B  P  B  U  A  T  U  M  R  E  B  S  C
  D  R  G  I  H  U  S  H  U  N  W
  E  B  C  E  X  C  I  T  I  N  G
  G  A  N  C  M  H  S  L  T  A  Y
  G  N  I  N  N  I  G  E  B  J  H  W  G
  T  H  I  S  M  O  M  E  N  T  E
    U  P  O  A  J  T  F
    E  A  G  M  K  S  E
        S              E
```

This moment is just the beginning of an exciting future that I can make my own.

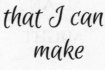

Ability

```
Z C E Y G R E N E E N E O T S
E U V F N V N B P Y H G W H N
X C X I F R J O T R G F O G Y
L P R O F I C I E N C Y H I R
E A D O F S C A A P P S W M E
S H I L F A D A N O O N O L T
I J A T P I C E C Y W A N L S
T I I A N K G I F Y E E K I A
R U C E X E N H L T R M D K M
E G S A N M T A R I N M D S L
P S T I I I O C N T E W L C
X O U O W H F M P K A Y S B I
E S R M U U J M P R O W E S S
H E F F I C I E N C Y L V V K
L C X N W T H L I T W E S F U
```

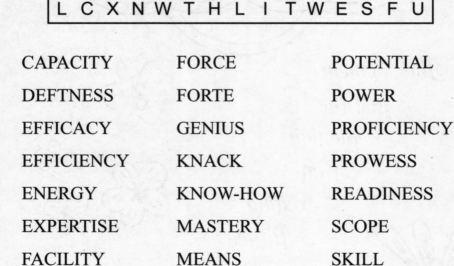

CAPACITY	FORCE	POTENTIAL
DEFTNESS	FORTE	POWER
EFFICACY	GENIUS	PROFICIENCY
EFFICIENCY	KNACK	PROWESS
ENERGY	KNOW-HOW	READINESS
EXPERTISE	MASTERY	SCOPE
FACILITY	MEANS	SKILL
FLAIR	MIGHT	TOUCH

```
F J O B C
T I N M Y T H T A
J I N R M H O N I
A C A V Y L E I E F S
Y K M L Y K R C D G N
N T I S A P I E I U U
I F I M B F G S F W T
E G O L S N H I N T D
T J D I A T N O J
S R F J B H E C E
T I K A D
```

I am
   confident
      in my
         ability
           to make
              the right
                choices in
                  my life.

Explorers

```
W N A L L E G A M X X T V L R
G F R O R O Q R S O Q M K J B
S K E V O U N R A S X M I F H
R B R I I Q U C E N O N N R N
P V E M J S Q N K R T R G O I
C I P W S L R O E E U Z S B E
Q E N E Z S B S P D Y S L I T
R H L T I O B C S V N S E S S
I L E O O Y C I W A V A Y H O
C H X R N J F R F J R I E E E
C L Z U N E G E A S N D L R O
I D P N N D T I R Z R C X B A
M C H U D S O N L Y V C O O K
V A N E S N A N Z E B I N N H
C H D G N C P I X M S T A Y Z
```

COOK	KINGSLEY	QUIMPER
DIAS	LONCKE	RICCI
ERICSON	MAGELLAN	ROSS
FROBISHER	MORESBY	RUSSELL
GILES	NANSEN	SPEKE
GRANT	OXLEY	STEFANSSON
HERNDON	PERERA	STEIN
HUDSON	PINTO	ZARCO

```
M F P N          B L S N
A A S E H G    T E C E K M
D J N S L A A H X Y G W H K D
O T M E H T N C V A S D J T T
R E G B P H I D T L I B H N F
O P P O R T U N I T I E S O T
U N E T I L A O E U I U L N J
L A N D V E K V R S L B H
  G A D R F V F M U E P
  A S K I U E F I R
  R G L N S C T
  L Y I N W
  M I P
  J
```

My life
is full of
exciting
opportunities
and I use
them to
their full
advantage.

Gardening

```
L E B A L S O K Q L E M Q H M
E M C O S L T W R K T D B P W
O L O I U J H O Q N G N A T J
X E T L T G G H O K V S H E S
Z H B S E A A B B R Z U E L E
R C X A I S T I U U J B G P H
Z Y U L V H Y S N A H R A P S
N W A L C J T R I V W D S A U
A O O O I A I N N J I E F Z B
C A X W T J M O E M I L M S E
O R Z L A M S U E F A O L M C
N V L O I M H M S X I P A E L
I Z R Z A P O M I D Z P P H A
T R O D E N T I C I D E Y C M
E H K V G V I O L H M R W E P
```

ACONITE	GNOME	ROOTS
APPLE	LABEL	SAGE
BOUGAIN-VILLEA	LAWN	SALLOW
BUSHES	LIME	STATICE
CLAMP	LOPPER	SUMAC
DAMSON	MOLES	THISTLE
FLAX	OXLIP	THUJA
GNAT	RODENTICIDE	WYCH ELM

```
    Y P M M
  F T L S I E
A S U P I Y E H
I P L A N T A E R T
M G R E T A W D N A
Y T I V I T I S O P
R L S E E D S O F I
D N A E V O L V
  S O F F V I
  S N S O
```

I plant
only
seeds of
love and
positivity
and water
them
daily.

Grow and Grow

```
E U R C C A E G R A L N E V D
B O F E R U H L A D E H F G K
Z I J I C G E Y Z D Z M G B P
Y V S T Z N T D I F I I O M T
L E X L H X A W O E L B U O D
P O P T L G N V N L B L S H B
I U Q Y U D I P D F P P F K L
T Z T N U O M E D A R X G Q T
L H E S I A R T H E S W E L L
U T I S J L E P A N E X P E N
M F C C W S G D S O I P T I M
I G Q A K P F I H W L A E O Z
S Z R B W E M P S K L B G N A
Y P F R F H N W G I S U R G E
S L B Y D O Z Z D D S J W I D
```

ACCRUE	ENLARGE	SPRAWL
ADVANCE	EXPLODE	SPREAD
ARISE	GAIN HEIGHT	SPROUT
BLOAT	GERMINATE	SURGE
BOOM	MOUNT	SWELL
DEEPEN	MULTIPLY	THICKEN
DILATE	PLUMP	WAX
DOUBLE	RAISE	WIDEN

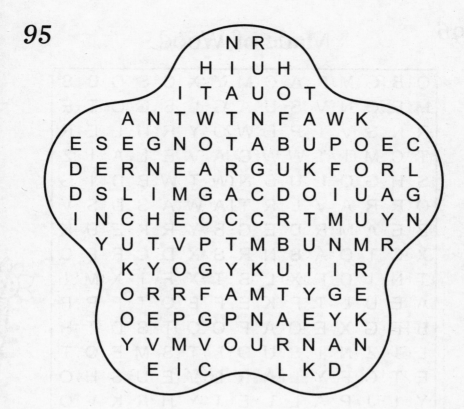

```
            N R
          H I U H
        I T A U O T
    A N T W T N F A W K
E S E G N O T A B U P O E C
D E R N E A R G U K F O R L
D S L I M G A C D O I U A G
I N C H E O C C R T M U Y N
Y U T V P T M B U N M R
K Y O G Y K U I I R
O R R F A M T Y G E
O E P G P N A E Y K
Y V M V O U R N A N
  E I C       L K D
```

I attract

everything

I need

for my

continual

growth

and

improvement.

Made of Wood

```
O B G M R A C M Y X C S C B S
M E O N V S U A G L S G O T E
R N S V I P E W O Y R U L E R
T C M I T W W G A V E L A I Z
S H G O L U S N W T W B D I G
O R R A V L R T A W A S D S V
B E A M R D E G B Y R K E U K
X C T O A S N R S X D C R F C
T N I D F X L B T X F I X M I
A E U L T P K E F B O T F R P
B F G X E G A F C Q T S D T H
L T Z N I S U O L T S M E Q T
E T C F Y L A R L V E U S H O
Y I J P A L L E T Y H R K V O
L B U P A I P D S Y C D N H T
```

BEAM

BENCH

CHEST OF
    DRAWERS

CLOGS

DESK

DRUMSTICKS

EASEL

FENCE

GATE

GAVEL

GUITAR

LADDER

LECTERN

OARS

PALLET

PENCIL

PEW

RAFT

RULER

SWING

TABLE

TOOTHPICK

TRELLIS

TRUG

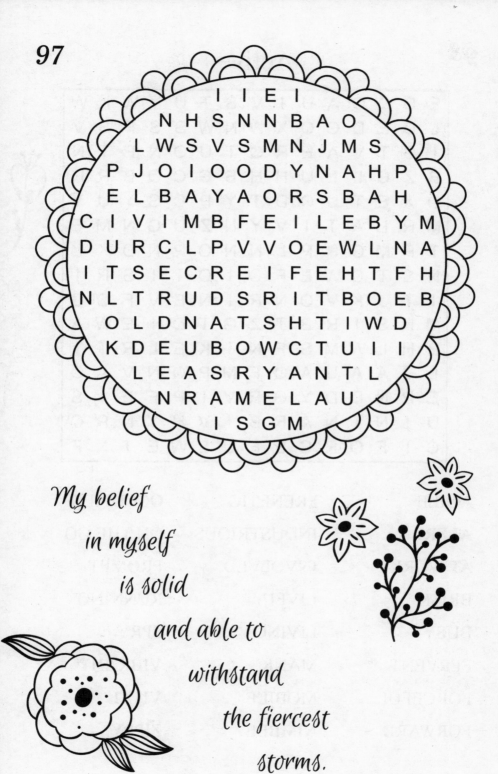

My belief
in myself
is solid
and able to
withstand
the fiercest
storms.

Active

```
E D Q O A U I V S T U Y W K W
L D E D G Q X W N W S S P S V
I G T V A E R Q T U O N P T N
B Z C L L U H H B G C Q B R R
O X E T U O D T Y P C S Y U Y
M R L A T I V Y N Z U G N M E
T P M O R P L N N O P N D K L
N S T C W E F C I Q I I S R I
I T J K V O N R I N E V F O G
M K S I R B T Z G T D I E W A
B H L W M S F N I K E L R T T
L J A A U A Q F M P Q N V A O
E R N D D Y G R V I P F E I S
D I N T N A R B I V H Y N R Q
C I F O R C E F U L W E T N F
```

AGILE	FRENETIC	OCCUPIED
ALERT	INDUSTRIOUS	ON THE GO
AT WORK	INVOLVED	PROMPT
BRISK	LIVELY	RUNNING
BUSY	LIVING	SPRY
FERVENT	MANIC	VIBRANT
FORCEFUL	MOBILE	VITAL
FORWARD	NIMBLE	ZIPPY

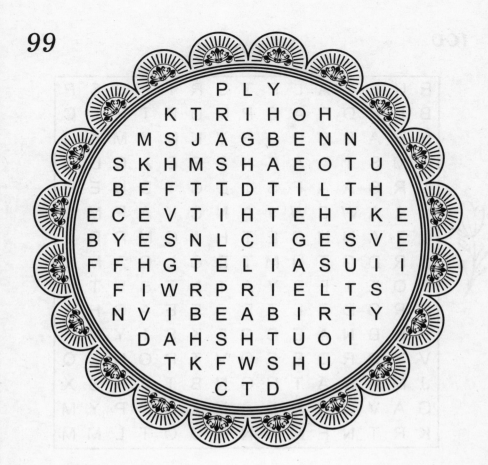

```
          P L Y
        K T R I H O H
      M S J A G B E N N
    S K H M S H A E O T U
    B F F T D T I L T H
  E C E V T I H T E H T K E
  B Y E S N L C I G E S V E
  F F H G T E L I A S U I I
  F I W R P R I E L T S O
  N V I B E A B I R T Y
      D A H S H T U O I
        T K F W S H U
          C T D
```

*I trust
that
I am
on the
best path,
heading in
the right
direction.*

Winning

```
R H E C A L P T S R I F D S P
B L P D R A C P M U R T P L C
E H A P S P O H Y K M Z M A U
G M S I A A F N E S D A C D Q
N R S A A F S I D C T B U E H
I I A W C W J A N C K A P M G
Q T A N N G E T H A G M R R I
B R D G T H M T D C L G A M E
D O E I F B Y A T L T S V T G
G P O D Z L Z R S E E A G H E
F H B N A E D G E K S I Y M A
V Y Q R D E F O V T P O H Z Q
J M A R A T H O N B T J R S X
G A V O R E L A Y Z Q O P Y M
K R T N E M A N R U O T L M M
```

AHEAD	FIRST PLACE	PASS
ATTAIN	GAIN	RELAY
AWARD	GAME	ROSETTE
CASH	GRANT	SHIELD
CHECKMATE	LOTTERY	STAR
CUP	MARATHON	TOURNAMENT
EDGE	MATCH	TROPHY
FINALS	MEDALS	TRUMP CARD

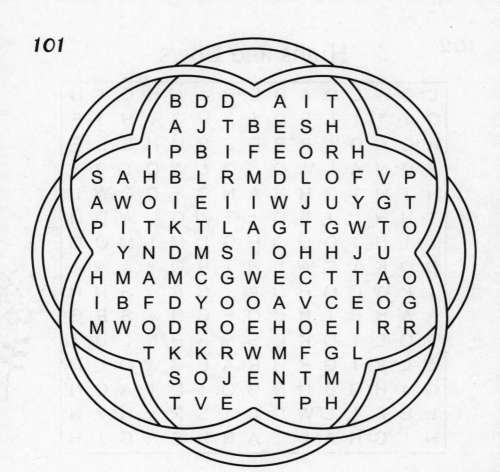

```
        B D D   A I T
      A J T B E S H
    I P B I F E O R H
S A H B L R M D L O F V P
A W O I E I I W J U Y G T
P I T K T L A G T G W T O
Y N D M S I O H H J U
H M A M C G W E C T T A O
I B F D Y O O A V C E O G
M W O D R O E H O E I R R
  T K K R W M F G L
    S O J E N T M
    T V E   T P H
```

*I believe
in my own
ability
to work
through
bad times
to reach
a brighter
outcome.*

Highs and Lows

```
L O W L O A D E R I W H G I H
O Y T I L E D I F H G I H J E
W G L O W P R E S S U R E L F
E D N A L W O L O L W O L O I
N T H I G H H A N D E D O W L
T N H L T E D I T W O L W D H
L I H I O U Q H G L M I M O G
D O K I G W L H I H O Y A W I
I P W C G H C A I G B W S N H
A W H B I H C O F G H A S R G
P O L I O K C H M H H N L U I
W L V I G R H R A E G W O L H
O J H G B H N G O I D I A O N
L E F I L W O L I S R Y H Y N
H I G H A L T A R H S H G I H
```

HIGH ALTAR

HIGH CROSS

HIGH KICK

HIGH LIFE

HIGH NOON

HIGH WIRE

HIGHBALL

HIGHCHAIR

HIGH-FALUTING

HIGH-FIDELITY

HIGH-HANDED

HIGHWAY

LOW COMEDY

LOW GEAR

LOW LIFE

LOW MASS

LOW POINT

LOW PRESSURE

LOW TIDE

LOW-BORN

LOW-DOWN

LOWLAND

LOW-LOADER

LOW-PAID

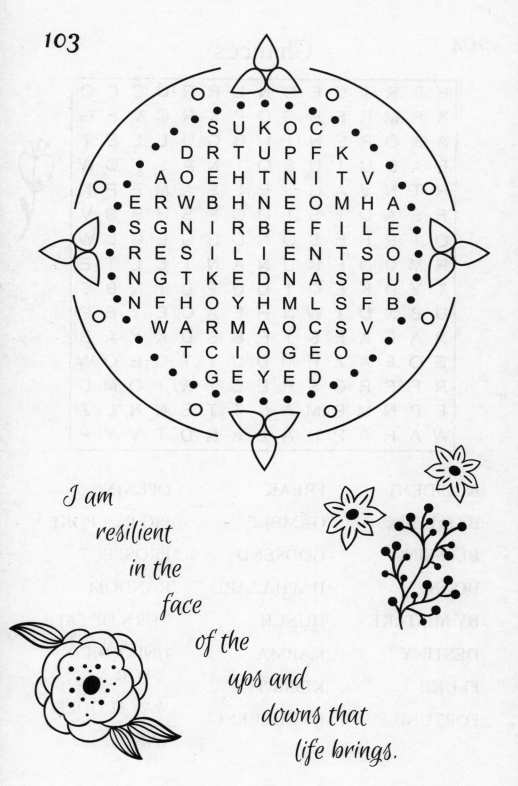

```
      S U K O C
     D R T U P F K
    A O E H T N I T V
   E R W B H N E O M H A
   S G N I R B E F I L E
   R E S I L I E N T S O
   N G T K E D N A S P U
   N F H O Y H M L S F B
   W A R M A O C S V
     T C I O G E O
      G E Y E D
```

I am resilient in the face of the ups and downs that life brings.

Chances

```
H P R I U E C N E R R U C C O
K E M R F B G O P K R C V E G
A K O P E N I N G G U L L E T
E A D U I U S O I N A L F O W
R T N V A G D E L S A M F P K
F S A O Y S I O O F S H B C V
O I R F E S O N D G C E U L W
R M C N F K U N A N T L L T E
T Y D K E O I D U P D I N B S
U B N D I W N H E A O E Y S P
N A F K F S T R B S D K X A B
E O F A Z H M D U I T G E O W
R F P R O S P E C T W I O M D
F P N M P M A C T T E N N L Z
W A H A P H A Z A R D T Y Y P
```

ACCIDENT	FREAK	OPENING
BAD LUCK	GAMBLE	PIG IN A POKE
BLESSING	GODSEND	PROSPECT
BOON	HAPHAZARD	RANDOM
BY MISTAKE	HUNCH	TURN OF FATE
DESTINY	KARMA	UNLOOKED-FOR
FLUKE	KISMET	WAY IT GOES
FORTUNE	OCCURRENCE	WINDFALL

```
      E T Y E
    T K R T L Y Y D
  E N B H B A M N G W
  V J H D H A E I G B
A A G N I H T Y R E V E
A H G P J H O D O C K H
Y I I T H P C K S I O P
E R N F O M A E R D I T
  F E F I L E H T T V
  P E T L S A B A U E
  D L E O O H H O
      H A T L
```

I have
everything
I need
to create
the life
that I
dream of.

Vitamins and Minerals

```
P Y R I D O X I N E G P M M N
M D I C A C I L O F M B U S I
U U W Q H Z Y R R U I I I E R
I M E Y J O E X I O M V N P T
S T U F L P L C T O M P E H I
S M L N P A L I R W E T L O C
A A C O E A N H N N Y E E S O
T N C O C D C D I E B R S P B
O G Z I N C B D F H W O A H A
P A C N A Y O Y R E T I N O L
E N I M A I H T L Q L C Y R A
O E D I R O U L F O V A W U M
V S M U I S E N G A M C Z S I
M E K N I V A L F O B I R X N
B I O F L A V O N O I D B E B
```

BIOFLAVO-
    NOID

BIOTIN

CALCIUM

CHOLINE

CHROMIUM

CITRIN

COBALAMIN

COPPER

FLUORIDE

FOLIC ACID

IODINE

IRON

MAGNESIUM

MANGANESE

MOLYB-
    DENUM

PHOSPHORUS

POTASSIUM

PTEROIC ACID

PYRIDOXINE

RETINOL

RIBOFLAVIN

SELENIUM

THIAMINE

ZINC

```
                E
            C   P   I
    N T     M   C T       S T
    T A H A A E   E F O M F
    H H N D T K M T A
    T B E I B K A S R
  D S E S M A U S U M T N E
  K U E N I E L L T R T I R G V
  A I C G B H S T O D U D W
    A B F D E M H S N
    I M E T C I N Y W
    O O K A O I E V C A R
    R T     S O P   F S
            T H S
            C
```

I make
smart
choices
to ensure
that
I am as
healthy as
I can be.

Mindfulness

```
E R S S E N S S E L E M I T E
Z E E E V I T C E P S R E P S
S V I G I L A N C E S E M F C
A H T I A C W V H K E R F O T
N L F H T R Q I I K N A N N H
C P U U G L D S S F C C E D O
T U F F Y I W I Z D E M M R U
U G O U D T L O X N O Q O S G
A N C F R E I N T M S M G B H
R I U R B W E R E F N N G S T
Y N S E Y X A H A R I M P L F
O E O E F T T Y M L H A Q P U
Z P U D I N D L E F C A Q O L
T O L O I H A E P E A C E M G
H K N M V C F Y T I N E R E S
```

CALM

CARE

CLARITY

CONCEN-
   TRATION

ESSENCE

FEELINGS

FOCUS

FREEDOM

HEEDFUL

IN THE
   MOMENT

LIGHT

OPENING UP

PEACE

PERSPECTIVE

REGARD

SANCTUARY

SERENITY

SOUL

SPACE

THOUGHTFUL

TIMELESS-
   NESS

VIGILANCE

VISION

WISDOM

```
      L G R E I
    M P L N F I L S T
  B B E P R E S E N T O
  P W W G U F N L S E T
F O S U O I C S N O C E E
H N P F N N O N T R B S Y
S C S S M S T M H L P O U
G B H I W J O H E F E O S
C J R H T M O U G F S H G
K B T E I F U I I B C
J D N S V S L F K R I
  T I C J F A T Y P
      B O J G C
```

I choose to be present in this moment, conscious of the gift of life as it is right now.

Hands

```
S V J B P Y H T L A U N A M J
P N C G P O A F E E L I N G O
B A V Z S S L E Q W T H G I R
W D L A T E B L O H A M G E J
R A I M X L F W E P O V E O J
I M I G S C R I P X C Q I G G
T E E C I I H L N L Q N P N N
I K J T N T A H A G T M I I G
N L N G A U S P R S E K K H Q
G I I U D C P B P A C R D C R
W N S I C I A D M O N G S N J
G J N P N K M R N U F E A U U
X G U G L Y L K P A H I H P Q
S T S I F N W E W U L T Z T B
C A R R Y I N G S S S Q J K N
```

APPLAUDING	JOINTS	POLLEX
CARRYING	KNOCKING	PUNCHING
CLAPPING	KNUCKLES	RIGHT
CUTICLES	LEFT	THENAR
DIGITS	MANUAL	THUMBS
FEELING	METACARPUS	WAVING
FINGERS	NAILS	WRINGING
FISTS	PALMS	WRITING

```
          Y N V
        R N E S M W D
      D A F M D T I D R
    Y N V A L E G N C T Y
      I M T O H E L P E A P
  W F I E I I V C S L L N G
    T A H M S M J R F F R A H
  N U Y P O U E B W O D P T
    T D S E H I A T Y L U
      B J B T T Y G N N C F
    K O O H U A C D S
      C F B A U O C
          B L T
```

I use my
time and
talents
to help
others
in any
ways that
I can.

Aim

```
N M D K Q Z N N E Y E J X N Q
I O C U W D O Z J V I E O E S
A T Y E U I B N I J T S S O A
R I I W S F B T J H A O K Q L
T V L S J E C L Z E P Q X L M
P E I N A E T T R O F F E Y L
I M M R J F A X R S M N Z T P
H G I B I E F P S H S I W H N
A N O I T N E T N I C M D G O
G T L A V Q R A S V L Z I I I
E Q E M L I P C O U R S E S T
K P X G V M H A T T E M P T I
S R O E R E S X H D O F K P B
M A J H M A R K T N I O P H M
Z F X E D E T E R M I N E C A
```

AMBITION	HOPE	REASON
ATTEMPT	INTENTION	SCHEME
BEARING	MARK	SIGHT
COURSE	MISSION	STRIVE
DESIGN	MOTIVE	TARGET
DETERMINE	OBJECTIVE	TRAIN
EFFORT	POINT	VIEW
GOAL	PROPOSE	WISH

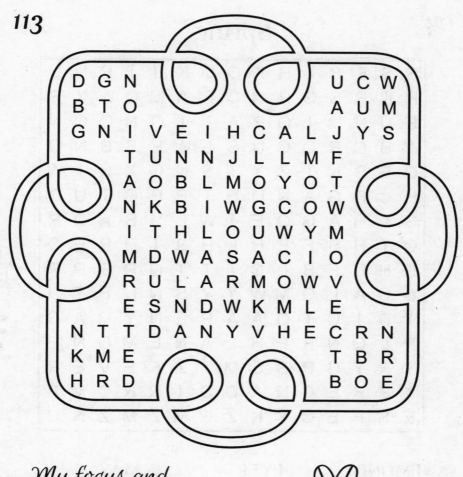

```
D G N                    U C W
B T O                    A U M
G N I V E I H C A L      J Y S
  T U N N J L L M F
  A O B L M O Y O T
  N K B I W G C O W
  I T H L O U W Y M
  M D W A S A C I O
  R U L A R M O W V
  E S N D W K M L E
N T T D A N Y V H E C R N
K M E                T B R
H R D                B O E
```

My focus and
determination
allow
me to
move
toward
achieving
my goals.

Spring

```
S S E B L H K O O K J T R U U
R D R S G R H C R A M Q W X S
E U N M I G R A T I O N O O N
W B C R O C U S L W E S B N O
O E S N T Z X I S N G X N I W
H C R G A N D E T P P G I U D
S L H A G O E I W L U B A Q R
Q T H S F E H L H S I D R E O
E H U F B L C T T T Q R B P P
S C A L Q M W Y Y S N U P T H
T D I C I O A A P E N Y M A S
P L Q N R P H L A N E M O N E
Y R Y G P B S M Y Z F E V E R
K S R E C N A D S I R R O M F
E S F E C Y K Z G M Z M Z N U
```

ANEMONE	FEVER	MAY
APRIL	FRESH	MIGRATION
BUDS	GROWTH	MORRIS DANCERS
BUNNY	GUSTY	
CROCUS	LAMBS	NESTS
DAFFODIL	LENT	RAINBOW
EGGS	LILY	SHOWERS
EQUINOX	MARCH	SNOWDROP
		TULIPS

```
      R V O D
    M P E Y V N T G
  D C C V P E A U G B
  I I E I H R Y O B J
B J A M T N F G T Y I N
E V N M I G L R I V I I
U S Y I S C O E D J M G
Y L O I O W W N N E Y T
  Y L H P T I E E V P
  R K A T N N T S N L
    A L O F G V H F
      Y T O P
```

*I am
overflowing
with
positive
energy and
send it out
to all
of those
I meet.*

Small

```
J A B J Q N P G N L N T I S Z
F E R U T A I N I M C N L L X
Y U I K K E H M N L P E N D F
E P J N W M I T I O N I G E W
M B S T F T H P K D F C Z T V
Z I H M E I P Y E L F I T U T
D I D D I E N R E G Y F I N R
N Z G G D N C I B W B F N I I
A E N F E W O U T B E U Y M V
W T U Y L T I R Z E A S O Q I
F J O R T Y T N A C S N D I A
U R Y M T T O R D C P I T L L
Y X A K I J E L P L N H M A D
U T W W L C Z P I K E U E A M
P P H G D M L L Y E D D Y W L
```

ATOMIC	INSUFFICIENT	PETTY
BANTAM	LIMITED	POKY
CLIPPED	LITTLE	SCANTY
DINKY	MEAN	SLENDER
DWARF	MIDGET	THIN
DWINDLED	MINIATURE	TINY
ELFIN	MINOR	TRIVIAL
INFINI-TESIMAL	MINUTE	YOUNG

```
        P           T
     S  T  I  H  O  I  F
     W  E  D  B  L  J  T
  I  A  P  P  R  E  C  I  A  T  E
N  O  B  N  I  D  U  E  T  E  L  G  J
F  Y  N  C  R  L  S  A  L  R  P
L  G  M  L  P  P  S  A  E  R  G
I  G  O  M  Y  T  M  A  E  L  B
W  F  N  I  N  H  S  T  W  Y  L  I  L
E  S  E  E  E  J  A  D  D  U  P
   Y  H  O  J  K  K  T
   T  Y  A  A  D  T  K
      G           P
```

*I appreciate
the small,
simple
pleasures
of life
as they
add up
to bring
great joy.*

Ready

```
Q G K M S D I K B Q T H G Z H
P N E E K O E E R D R A F X D
D U F T P T A M Z A E G L P E
E D D Z A S I Q I E L O X Z N
T G W E T I U F Q R A G P A N
E R I U R I D U Q P P G D Z A
L E T W C A I E U P E P E I L
P E D K D P E X M S T T C R P
M A A E P T N G H M B A A F F
O M X E M T Z A U P I P R J S
C I D D P R R Z R Z I S B M H
F D H M J P R R E D R O N I Z
B F O C L E V E R R L J P M T
Q R G N R I G G E D O U T E Y
P S W Q E J Y W T F I W S A G
```

AGOG	EQUIPPED	PRIMED
ALERT	FIT	PROMPT
ASTUTE	FIXED	QUICK
BRACED	GEARED UP	RAPID
CLEVER	IMMEDIATE	RIGGED OUT
COMPLETED	IN ORDER	SET
DONE	KEEN	SHARP
EAGER	PLANNED	SWIFT

```
M A I O E
E N K S T M O A R
O B I Y O F L J Y
J C F D C T L Y S J H
L J A L D F F B G T Y
Y E E N O A M L I T Y
R W I R M V G W B M A
U S M R A N E P O N D
S T S M F R T J E
E D M I I N M L E
L L I K B
```

I am
ready to
welcome
all forms
of love
into my
life with
open arms.

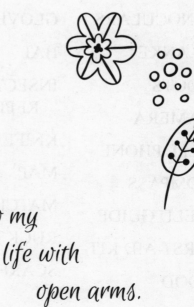

Hiking Gear

```
P H S R A L U C O N I B T T X
V A C U U M F L A S K N I F O
E D I U G D L E I F E U K Z K
B Q P Y W L E D O B L R D P C
Z L C X O F O O M B O E I S O
E B A T I F D V W I P O A E M
N M M N C Y D A E B G K T S P
O A K S K O W P W S N C S S A
H T C A M E R A W S I A R A S
P C P A M W T H K F K S I L S
L H R U I E I C R L K K F G D
L E T O R S O A Y H E C J N D
E S T R T S C N A U R U U U Q
C B O L Q S T T A Z T R K S G
T N E L L E P E R T C E S N I
```

BINOCULARS

BLANKET

BOOTS

CAMERA

CELL PHONE

COMPASS

FIELD GUIDE

FIRST-AID KIT

FOOD

GLOVES

HAT

INSECT
   REPELLENT

KNIFE

MAP

MATCHES

RUCKSACK

SCARF

SOCKS

SUNGLASSES

TORCH

TREKKING
   POLE

VACUUM
   FLASK

WATER

WHISTLE

121

```
S U F W       J A R W
N B M K I N   F K T E J O
M S E I T I N U T R O P P O B
B A N A E G N E L L A H C Y K
J G V F Y B M P V C M C E B U
S E M O C T A H T E I N N C T
A W E F I L H G U O R H T B E
  I E L M G E S K U D Y J N
  I N Y S A E O M M H O
  C E B V J N E M Y
  H E Y Y Y C A
  M S L G W
  I I Y
  M
```

*I see new
opportunities
in every
challenge
that comes
my way on
my journey
through life.*

Varieties of Rose

```
I P E A C E Y K O C S A B A T
J D S Z M P R I C E L E S S S
A S O W Y E I N T L U X O R E
C E R L J Q A A B M A S O I R
K Y Y N E B F S Q M A R H S A
W V R O A A E L V T Y Y C V E
O P A N N X H I U U S R F I D
O X M I Y F T E T N H U I L Y
D V T R O D D E N M A N R A U
B A E E Z C X N X U D R H T M
L X T D E A X E T A N O O R A
Y J I I S A I C I L E F Q S S
Y C B R O D I D L O G L L A A
H T E B A Z I L E N E E U Q B
O Y T H G I L E D E L B U O D
```

ALL GOLD	JACK WOOD	PRICELESS
ASHRAM	LATINA	QUEEN ELIZABETH
BRIDE	LEGEND	RIO SAMBA
DEAREST	LUNA ROSA	SEXY REXY
DENMAN	LUXOR	TABASCO
DOUBLE DELIGHT	MARY ROSE	TEXAS
FELICIA	MYRIAM	THE FAIRY
IDOLE	PEACE	TRUST

```
U P M T
O D D N A R
N E S Y J E H M
V I F O R G I V E D
T S A P R O F M L B
M Y S E L F J O T I
E H T Y K E H O S I
S E K A T S I M
D B O T N O
N W D E
```

I forgive myself for past mistakes and do not hold on to regrets.

People

```
I O Y C I T I Z E N S H N P N
H E L I F D N A K N A R E M E
U I L L B D S R E H T O R B M
M N O B H J T R I B E X D S Y
A H C U T Q S D E B F M L N R
N A A P Y T B I W A I D I O T
S B L R L T N S M E N A H S N
S I S U E G I I Y A L P C R U
L T D F S S L N T T O L H E O
A A W H T Y I I U P E F E P C
T N G E F J O D U M A I V R N
R T R O F N Z L E N M H C A S
O S L I A W A C K N B O L O R
M K U L M C O Q B H T C C H S
S I S Q E U R H B G K S U I Z
```

ADULTS

BEINGS

BROTHERS

CHILDREN

CITIZENS

CLAN

COMMUNITY

COUNTRYMEN

DWELLERS

FAMILY

FOLKS

HUMANS

INHABITANTS

LOCALS

MORTALS

NATIONALS

PERSONS

POPULACE

PUBLIC

RANK AND
    FILE

RESIDENTS

SISTERS

SOCIETY

TRIBE

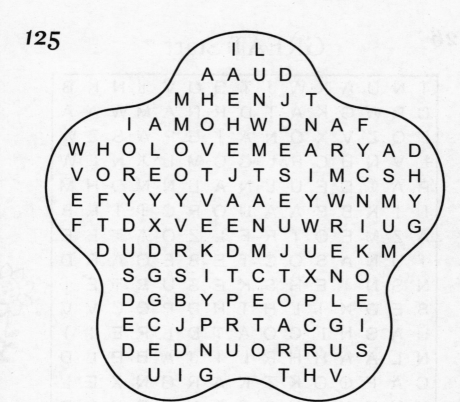

```
          I  L
        A  A  U  D
      M  H  E  N  J  T
    I  A  M  O  H  W  D  N  A  F
  W  H  O  L  O  V  E  M  E  A  R  Y  A  D
  V  O  R  E  O  T  J  T  S  I  M  C  S  H
  E  F  Y  Y  Y  V  A  A  E  Y  W  N  M  Y
  F  T  D  X  V  E  E  N  U  W  R  I  U  G
  D  U  D  R  K  D  M  J  U  E  K  M
  S  G  S  I  T  C  T  X  N  O
  D  G  B  Y  P  E  O  P  L  E
  E  C  J  P  R  T  A  C  G  I
  D  E  D  N  U  O  R  R  U  S
    U  I  G        T  H  V
```

I am a
  great
    friend
      and am
        surrounded
          by people
            who love me
              and whom
                I love
                  in return.

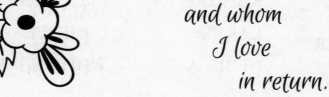

GREAT Start

```
T N U A K W J T Q O V I N K B
C R W G K A T D P P A M W A A
F Q Z V X O N A I E P A S Z W
L V N H C R L G C M L I N F W
P A T S E U L N A L N N O H M
L T K B B A A U O R C I I R B
A Z M E O T R F L Z O T T E E
I U N A S O C T E B E O A R D
N S N I E H S K E S U R T E I
S E D X I L H T H D P Q C V V
U A S N L C O A T D L R E I I
N L A A H H R L I J A B P L D
C A F O O K T K A R G N X E L
L V H K R K S E E N U R E D D
E K N I A T I R B E L C R I C
```

AUNT	DISTANCE	NUMBER
BASIN	DIVIDE	PLAINS
BEAR	EXPECTA-TIONS	SCOTT
BRITAIN		SEAL
CIRCLE	FALLS	TALKER
COAT	HEARTED	UNCLE
DANE	KANGAROO	WALL OF CHINA
DELIVERER	LAKES	
	NEBULA	WHITE SHARK

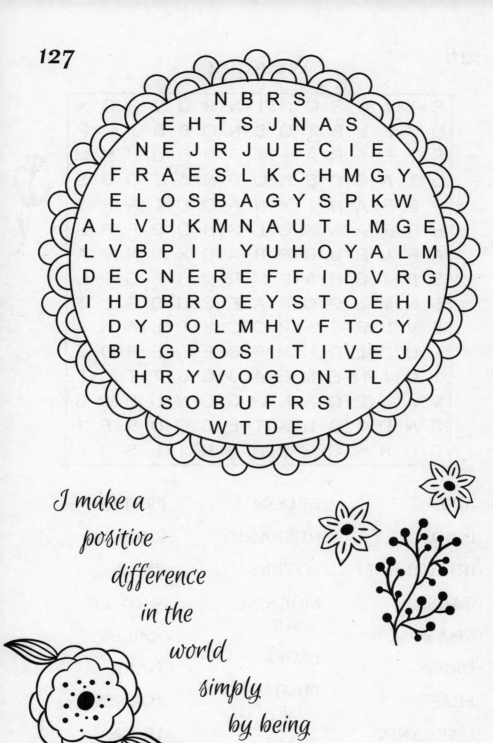

```
        N B R S
      E H T S J N A S
    N E J R J U E C I E
  F R A E S L K C H M G Y
  E L O S B A G Y S P K W
A L V U K M N A U T L M G E
L V B P I I Y U H O Y A L M
D E C N E R E F F I D V R G
I H D B R O E Y S T O E H I
  D Y D O L M H V F T C Y
  B L G P O S I T I V E J
  H R Y V O G O N T L
    S O B U F R S I
        W T D E
```

I make a
positive
difference
in the
world
simply
by being
here.

Wedding

```
S T I U S G N I N R O M R O X
Q Y F L B T Q S N O B B I R P
S T E A R A I T D U D U U H M
O T A C O S N O U N W T O S S
P E S A N I Y N A Q C T A R T
H R T A A S C L S H O O F E S
A P L R U R R B A G X N N V A
S P T O H A P M R M C H Q O O
S N M L G C P A E C U O G L T
E V U R S A P C G S P L A H I
L D O L G H M F B E W E R D E
I O I N E M O A J G S I T Q L
M A E R Q A N W G G N U E W S
S N D T B D X T E G Q U R F I
Q G H S S E R D S R I E S J A
```

AISLE	GROOM	PRETTY
BRIDE	HUSBAND	RIBBONS
BUTTONHOLE	LOVERS	RINGS
CARS	MORNING SUITS	SHOWER
CHAMPAGNE		SMILES
DRESS	PAGES	TIARA
FEAST	PHOTO-GRAPHER	TOASTS
GARLAND	PLANS	TRAIN
GARTER		

```
            R D Y
        A S E M M Y T
      P Y P N S V T I L
    H S Y E T N I E G T D
    O E P J I K D O N N B
  T K O A H J P T W I L C E
  D E A R R Y S R F V J V R
  V N O H L T O O K I R A V
    B A P I F T E F E G V
    O E E Y Y M O S C N P
      G I V H S E N E N
        N W O D O K R
            I L L
```

I deserve love and open my heart to receiving it.

Music Lesson

```
T E N S I O N E S A M A D E R
P E R F S A V G C F U R C D I
T O P E A N F D A L D R R Q G
K T E L P H E I L R K A R G P
R A T C E I F R E E O N D P S
O C S S I A T B S B V G L E Y
F C O S T T R C R S R E Y V N
G A W A O O C E H U C M R D C
N T T B J O G A B T S E W B O
I S S A A N L A R K Z N T Q P
N T M U I U T U P P T T E U A
U A E F I O M B I R L O M A T
T V P O S T U R E T A X P V I
O E W R D W E F I Z W H O E O
P S U B D O M I N A N T S R N
```

ARRANGE-MENT
BASS CLEF
BREVE
BRIDGE
FINGERBOARD
MAJOR
PITCH
PLECTRUM
POSTURE
PRACTICE
QUAVER
RUBATO
SCALES
SHARP
STACCATO
STAVES
SUB-DOMINANT
SUITE
SYNCOPATION
TEMPO
TENSION
TUNING FORK
TWO-STEP
WALTZ

```
M G M   J E Y
J D U T N A G
K U D E O B O L J
Y L I G F Y R A D N A E M
J L E N R R R I L Y M G O
M I E E K O L I P E H V A
K V V U I S M E S M A
C E S N I O C E H H N I G
D A D A R T I E T T A I A
F L L R O N A T Y M L L U
R W F E V E B F J
O I B S T R F
F W C   U M C
```

I am creatively inspired by the world around me and everyone I meet.

Train Ride

```
E Q A D B B J Z H W J B F K S
Q T R U S D C G T O O Q Z T L
E N L O R S A R U I S D E F I
T E A I T F E R O E C F N S A
S M V X Z C N R R C F K E I R
E E I E A E U V P U K A E Q W
R C R G Y A I D B X T P K T H
D N R A F C W V N S E R A F I
A U A G E Q X S R O O D E B S
E O Y G T L N T L P C S P W T
H N A U U H E R K E K B F F L
F N Z L O E S V P C E N F E E
C A T E R I N G A V R H O D W
F N K G O C N R M R M R W U V
U O Z N O I T A N I T S E D K
```

ANNOUNCE-
   MENT

ARRIVAL

BUFFET

CATERING

CONDUCTOR

DESTINATION

DOORS

DRIVER

EXPRESS

FARES

HEADREST

JOURNEY

LUGGAGE

OFF-PEAK

RAILS

ROUTE

SEATS

SERVICE

TICKET

TRACKS

TRAVEL

WHEELS

WHISTLE

WINDOW

```
      W I V Y R
    E C I E W N M
  F N H N L N E U S
  E R U R T B L F R M M
  N V U T M T Y L E U T
  F O I L U H A T E S C
  J P M T A R O H U A M
  E Y A A I A E R T I D
  S L E I S T G L B
  C P B I O D D
    A S O J P
```

I trust
that the
journey
I am on
will lead
me to a
positive
future.

Mountain Ranges

```
H C T A W A S U D A M T V S F
A D A V E N A R R E I S E W T
U P D H S X F A H E N D H I I
G N P G A R K L N I A A N I N
I E K A W N O S K C I D R R U
J U N Y L T H N S H W Z E Y L
U U O X G A A A T N O E T E N
N M R B N H C E F Z N I Q P U
E G R A N Y B H A O R T R U K
S U R U A T B R I U B U U L W
E J V D H E K P P A V X R A D
V M K O C T Z W S M N L X D W
L X D U W O L K C I W K T A E
A U R U C N I Y C K W T W U V
S B M A G A L I E S B E R G U
```

APPALACHIAN	HANKIN	SALVESEN
BAUDO	JURA	SAWATCH
BRUCE	KRAG	SIERRA NEVADA
BYNAR	KUNLUN	
CASCADES	MAGALIES-BERG	TAURUS
DICKSON		TETON
GUADALUPE	OZARK	TIEN SHAN
HAIHTE	PIONEER	URALS
	PURITY	WICKLOW

```
            A R D E
      F S F W V A I I
      S I R E E R A C Y M
      T N R R K J V D P I
    A H I Y C K D L Y K D B
    T L D L P W B J G G R A
    V A F U L F I L L I N G
    Y T N E M Y O J N E K T
      D Y P S L H G B O C
      R N O I U S R C U L
      S A H M G B A K
            E P R S
```

My career is

fulfilling

and

brings me

enjoyment

every day.

Birth Day

```
D O O H T N E R A P D E S A L
M A T E R N I T Y R H L P F A
F D D E L I V E R Y Y A E U R
N A P Y W J N L C N F T C L U
I E T M T F W N A Z R A R L T
T B W H O N A K Y Y D N O T A
H I O G E N A F K O E E F E N
G R E F G R I F C B X T Q R B
I T G E Y R N T N V M N T M C
E H R S S U O E O I X A T E Y
W P C T R R W F D R S H A W L
P A C S Y B R W P U S H I N G
N R I T O N I N E M O N T H S
Y N S R J F T K X U J D Y V N
G G N E E T A E B T R A E H A
```

ANTENATAL	HEARTBEAT	NINE MONTHS
BIRTH	INFANT	NURSING
DELIVERY	LAYETTE	PARENTHOOD
DOCTOR	MATERNITY	PREGNANCY
FATHER	MIDWIFE	PUSHING
FIRST CRY	MONITOR	SCAN
FORCEPS	NATURAL	SHAWL
FULL-TERM	NEWBORN	WEIGHT

```
              I
          K A J
          M S Y              C N
  U Y                                C N
  Y A D Y R E V E R N V
  S L R K I U W K C
    I E A Y T E C U H
  C F I M R A I L E S O S V
  M E D O I I M N S G N I R B Y
  J T O E T P U M F B C V N
    I O F P T L K T E
    G K G K R O W B S
  E C L H U O T M E I O
  N G        B P A        N H
              V P U
                O
```

*Every day
brings
new
opportunities
to make
good
choices in
my life.*

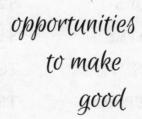

Head to Toe

```
P I J C D H K T B R E N O D S
S M J R Q S R E K A E N S O P
T L M Y H G R T P P M E R J M
A Z R B H E R S T L I T S G U
P S Q E T A V A L C A L A B P
S S K H K S D S T E T S O N T
S T O C N L K S L A D N A S E
T O X G O R A A T I M O T G M
D O M M R S O T T O P H A T L
L B K B E U R C S E W P M C E
S Y X O R I B C I R S E E E H
N I H V L E L M F R E R B R D
W S K B K O R W O X T E B B S
F Y Y S G M W O H H A Y D S Z
Q A H S S Y J J Y A F Y L W O C
```

BALACLAVA	HOOD	SOCKS
BERET	PUMPS	SOMBRERO
BOOTS	SANDALS	SPATS
CLOGS	SHOES	STETSON
COWL	SKATES	STILTS
DEERSTALKER	SKIS	TOP HAT
HELMET	SLIPPERS	TRICORN
HOMBURG	SNEAKERS	TRILBY

```
        A S A T T
    F S A N J N U D I
  A E P N W D W D R N W
  T I V R G V C Y M E L
R L H V R F U J A L I B R
A N I E R E M A S R T N U
E A B B L Y S F H M E A D
A M L E S O B E G V E U H
K B N E I O V Y D V T O V
  I L V D E L E I H O Y
  F K Y A J Y G A H N R
  R P U E I T S B B
      F R I W T
```

I give
myself
the love
and care
that I
deserve,
body
and mind.

Absolutely

```
L Y L E N I U N E G G H J I Y
P L C K Y G Y L L U F P L L Y
Y U U S Y L R L V J V L L X L
L Y R F Y L L A U T C A E X R
S N L E N A E A C R N I X F A
U Y Z L L I S S E O T N A I E
O L Y A A Y U S I R S L C N L
U B L I F C Q T U C B Y T A C
G I E Y L N I A T R E C L L T
I L R X O D K N Y E E R Y L O
B L U A N W W L N W R D P Y T
M A S O E R L C E A R L L O A
A F C I S O K Z E B R E Y Y L
N N B M H O N E S T L Y M U L
U I B W R E R U S R O F T R Y
```

ACTUALLY	HONESTLY	TRULY
ASSUREDLY	IN FULL	TYRAN- NICALLY
CERTAINLY	INFALLIBLY	UNAM- BIGUOUSLY
CLEARLY	PLAINLY	
EXACTLY	PRECISELY	UNCON- DITIONALLY
FINALLY	PURELY	
FOR SURE	REALLY	UTTERLY
FULLY	SURELY	WHOLLY
GENUINELY	TOTALLY	

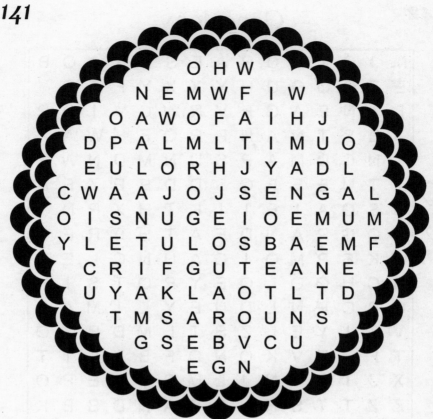

```
        O H W
    N E M W F I W
    O A W O F A I H J
  D P A L M L T I M U O
  E U L O R H J Y A D L
C W A A J O J S E N G A L
O I S N U G E I O E M U M
Y L E T U L O S B A E M F
  C R I F G U T E A N E
  U Y A K L A O T L T D
    T M S A R O U N S
    G S E B V C U
        E G N
```

I allow
myself
to be
who
I am
absolutely
without
judgment.

Genealogy

```
M J Q I H C R A E S E R A Q B
E Z D Q O U H Y X X Y F T G Y
L I N E A G E V N W C V I D R
T E S T N A H P R O E H W W A
I N C D M A P S U N M D N W R
T T U E E F G S D D E E Z F B
B S G A I E I I K T H X R N I
X Q G R A N D F A T H E R E L
W K E P M Q I C A U N C L E C
S C H O O L O E Y R O T S I H
O B O P N L D U E Y L I M A F
V G I Y E L Z S T L M D R Y O
T F Z R V K O N O F B Z C T T
X J T Z T N J L M C L I E P O
Z Z T T S H U S B A N D B B K
```

AUNT

BIBLE

BIRTH

CEREMONY

COUSIN

DEATH

DEEDS

FAMILY

GRAND-
FATHER

HISTORY

HUSBAND

LIBRARY

LINEAGE

MAPS

NIECE

ORPHAN

RELOCATED

RESEARCH

SCHOOL

SONS

TITLE

TOMB

UNCLE

WIFE

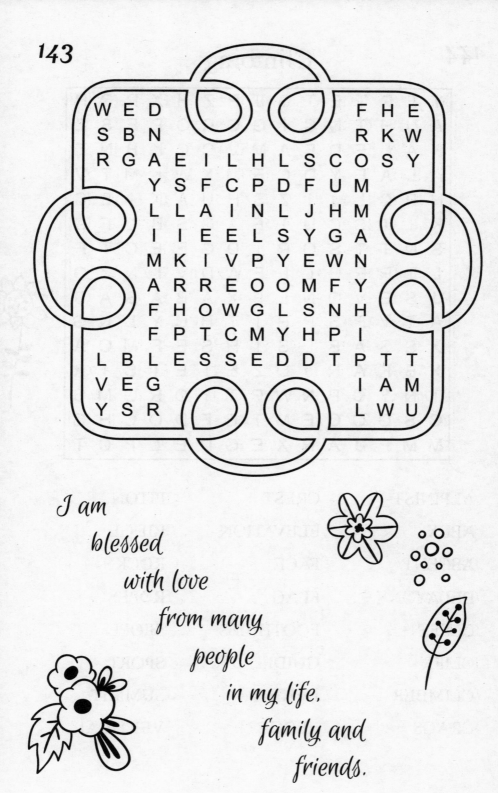

```
W E D                     F H E
S B N                     R K W
R G A E I L H L S C O S Y
  Y S F C P D F U M
  L L A I N L J H M M
  I I E E L S Y G A
  M K I V P Y E W N
  A R R E O O M F Y
  F H O W G L S N H
  F P T C M Y H P I
L B L E S S E D D T P T T
V E G                     I A M
Y S R                     L W U
```

I am
blessed
with love
from many
people
in my life,
family and
friends.

Climbing

```
Y E R T E T G J P Z H X R C R
A U H T N C I G C R O P E S Z
K A L F D E A M V C C K B N Z
A L A E Y D C F M X W L M T V
H P C L J I Z S H U A K I E C
K I I C C U T F A G S B L F O
S N T T S G R I D G E E C T F
L I R R O L L E W D V L N Z G
J S E V O N L F X A B A B A S
A T V R S P P I T H U Y L K G
X S S A B L S I H S E F M O A
X B K A R J O Z E T E I S I R
I N Y C P N W P T Y O R G M C
C S G O O E M T E F D O C H G
M M F J A R X E G D E L F C T
```

ALPINIST	CREST	PITON
APEX	ELEVATION	RIDGE
ASCENT	FACE	ROCKS
BELAY	FLAG	ROPES
CLEFT	FOOTHILLS	SLOPE
CLIFF	GUIDE	SPORT
CLIMBER	HEIGHT	SUMMIT
CRAGS	LEDGE	VERTICAL

```
      D P D J
    E F N R U O L J
  Y C O A E M G O K H
  Y N U S E C O G G O
  J P A M G M A C A L E T
  E O D D N Y H O E W C H
  H T N M I E L F G A C J
  D N U W H I I Y R E V E
  I B Y T L S T V R U
  I A A Y N T S M F H
    O M D A W T V U
      I P F O
```

I attract
good
things and
abundance
into
my life
every
day.

Brainbox

```
X E T R O C S S N P Z I A T I
E F Z Q M E J I L T C R C P B
J L Q P N J S E I A L L U K E
R X S S E N N E E K E M T T L
F Q E B Q T O E J H V N E R I
W I S D O M I S S A E D I E E
N Q Y D T J T R A X R S R P V
Y E P Y I J O P X E P V K X E
Z T R E M E M B E R R K W E L
B N I V S M E J Q L S E B O L
P E R C E I V E A N S U K K U
X M J E A S R T O S R O R S K
S U I N E G N X B R I G H T S
R C S L I E A Y N I A R B J Z
G A T X M M X S Q R O H Y S O
```

ACUMEN	EMOTIONS	PERCEIVE
ACUTE	EXPERT	PINEAL
AXONS	GENIUS	REASON
BELIEVE	IDEAS	REMEMBER
BRAINY	KEENNESS	SAGACITY
BRIGHT	LOBES	SENSE
CLEVER	MENTAL	SKULL
CORTEX	NERVES	WISDOM

```
        T           B
    W  T  O  K  U  G  G
    H  M  C  T  I  Y  S
 E  B  A  F  Y  L  A  G  S  C  K
 V  C  E  T  H  I  M  N  C  A  N  F  O
 A  A  E  R  O  I  I  L  K  S  Y
 E  S  V  O  R  I  M  N  Y  L  F
 P  O  E  B  E  A  R  D  D  F  E
 B  T  E  R  T  N  V  A  P  J  I  N  A
 A  O  M  D  O  E  L  J  W  T  S
    I  J  R  D  N  S  D
    E  A  D  O  A  G  R
    E           Y
```

My mind is calm and at peace, ready to tackle whatever today brings.

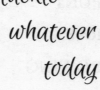

Boats

```
S Q M V Q W Y I T Y V G K M T
N R P Y V O A C R O U A N A X
D F F P F H W I L Y I H U V H
X I J T T D L T O R Z L J R T
G R N B A R G E O R P U A F R
R N H Q G O K K Q E Y Y A G A
E N I R A M B U S F S R K A W
N K K W K E C G N H A U N U L
I O U A O T O T N A A D N K E
L W R S H R S N U O K U H Y R
U K T C O I A U A R L C T H F
G V A O M R M P Y C N H X U O
G Y S W N E P E U U T D Y W G
E N A R A M A T A C B H I A N
R S X U O E N L O R C H A Q H
```

ARK	LAUNCH	SAMPAN
BARGE	LINER	SCOW
CANOE	LONGBOAT	SUBMARINE
CATAMARAN	LORCHA	TRAWLER
DHOW	LUGGER	TRIREME
FERRY	PUNT	TUG
GALIOT	RAFT	YACHT
JUNK	ROWING	YAWL

```
    B I F O O
  T E R M A U T J N
  G S X Y J D T G H
J U U A C C N E U R L
K I E A O I A S H R J
K D U D M G T S C S E
R E A R P Y H I F O T
H M I A A O G U N W Y
E O W S G I A G G
A J O S Y R N Y E
    T E X B B
```

My compass is set to guide me toward a bright and exciting future.

Hello

```
P K N V A S G N I T E E R G J
Y V W A Q Y E D G B O M D I A
A W A C M T I U E A M S G E N
D X I G F A T H Q C Q A O D M
D A X A O E S O Y G Q L O R A
O T D E N O H T G D H V L A G
O O Z T W U D R E S W E F T W
G F A U A Q V E U G S O L A E
R G G A D D O G V O O U H O L
M R W X T M D O H E J N R B C
A F L B O A L O H A N N A G O
A H Q L G O L L E H G I O T M
L T A V E L K O M M E N N B E
A H B U O N G I O R N O P G W
S J R A D U W A T R J J W V C
```

ALOHA	GOOD DAY	HOWDY
BOA TARDE	GOOD EVENING	NAMASTE
BOM DIA	GREETINGS	SALAAM
BONJOUR	GRUSS GOTT	SALVE
BUON GIORNO	GUTEN TAG	SHALOM
CIAO	HELLO	S'MAE
GODAFTEN	HIYA	VELKOMMEN
GODDAG	HOLLOA	WELCOME

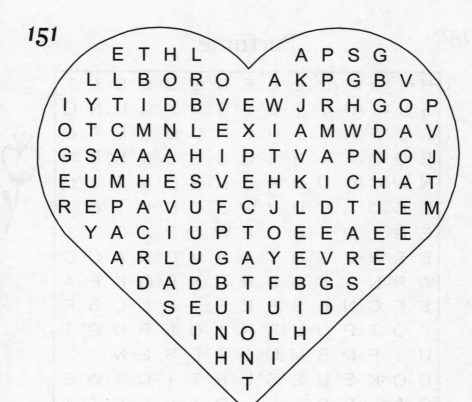

```
E T H L         A P S G
L L B O R O   A K P G B V
I Y T I D B V E W J R H G O P
O T C M N L E X I A M W D A V
G S A A A H I P T V A P N O J
E U M H E S V E H K I C H A T
R E P A V U F C J L D T I E M
  Y A C I U P T O E E A E E
    A R L U G A Y E V R E
      D A D B T F B G S
        S E U I U I D
          I N O L H
            H N I
              T
```

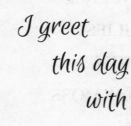

I am so
grateful
to be
alive and
I greet
this day
with joyful
expectation.

Perfume

```
H I B I D L L E B E U L B A T
S I L U Y I L E S S Z G M N Q
S T E H T I H E N C C B L P C
E D O A I H S C C G E N S B N
N W C O U O F J R R O N F S O
T C O A R D V W G O D L T P I
E G L M F S E R W B Z A O I T
E S N E C N I T A M O R A C C
W P N T F S S R O X B O K E A
S E C N E S S E R I P L L S R
P O T P O U R R I O L F D G T
U J F M B M Q O P L S E N R X
D O K E U S S U R T I C T W E
G A L S S T E L O I V L E T T
O H K R S U C S I B I H X X E
```

AMBERGRIS	EXTRACTION	ORCHID
AROMA	FLORAL	ORRIS ROOT
BLUEBELL	FRUITY	POTPOURRI
BOUQUET	HIBISCUS	ROSES
CITRUS	INCENSE	SCENT
COLOGNE	LILIES	SPICES
EAU-DE-TOILETTE	MUSK	SWEETNESS
ESSENCE	OAKMOSS	VIOLETS

```
Y C Y A
T A R N P E
M C H D R S P M
T O E K A O S H A Y
R A N S O T A E F H
U O H H M P I O K O
W C C W M W J T W L
I D E S E R V E
S K V I I V
E B O T
```

I choose
to be
happy
and know
that it
is what
I deserve.

SWEET Words

```
B Q C P C R L U F S W K M L Z
L R N O T H I N G S T A L J E
J Y E T C N V E L Z R A T A V
Q O R A N G E Y K J P F E E T
Y L Z T D F E H O G F R E M R
K R N O P S R R I J E C A O D
P Y R L I S A B T D R F E L E
B Y O E C M Q O I O S N D I T
Q P C K H H P C B R I A R P N
D E C H E S T N U T X A B S E
W N L J S N J T N N T J I P C
X U O K H P U L A B E N L U S
C M A M C D Q R P B E P E A S
U X F T L I G N I D N U O S F
T R A E H A P A C H T O O T C
```

ALMOND	LIPS	SCENTED
BASIL	MARJORAM	SHERRY
BREADS	MEATS	SIXTEEN
BRIAR	NOTHINGS	SOUNDING
CHESTNUT	ORANGE	SPOT
CIDER	PEAS	TALK
CORN	PICKLE	TOOTH
HEART	POTATO	WATER

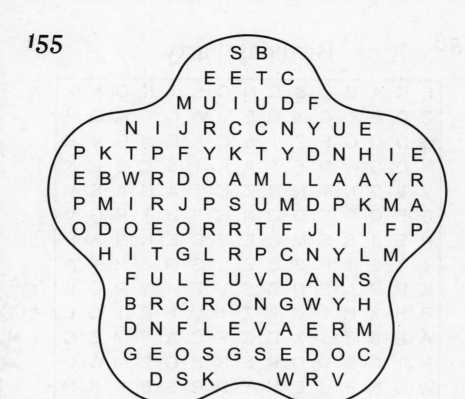

```
            S  B
         E  E  T  C
      M  U  I  U  D  F
   N  I  J  R  C  C  N  Y  U  E
P  K  T  P  F  Y  K  T  Y  D  N  H  I  E
E  B  W  R  D  O  A  M  L  L  A  A  Y  R
P  M  I  R  J  P  S  U  M  D  P  K  M  A
O  D  O  E  O  R  R  T  F  J  I  I  F  P
H  I  T  G  L  R  P  C  N  Y  L  M
   F  U  L  E  U  V  D  A  N  S
   B  R  C  R  O  N  G  W  Y  H
   D  N  F  L  E  V  A  E  R  M
   G  E  O  S  G  S  E  D  O  C
      D  S  K        W  R  V
```

My acts of

kindness

are

returned

to me

many

times

over.

Birthday Party

```
E K A C M S Q N C S T K G K X
Z D F L C X Q S V W O F M Q V
W D O O F Z T S C A R N G V P
N D G W N F T A R I S L G L K
Y B G N I N R Z E T A U A S M
S E C G E D Q N S S U T R G V
N F J S S M D E S R E N N A B
I Z E T P S U E B S O G H Y A
K R P A E G S S V F A M P G L
P H X H L C L Z I M F P I C L
A B S T J X D C E C A F M E O
N I N D O O R S R H G L M W O
W Q N F J E H Y H C E E P S N
R E T H G U A L J E H H T I S
S S F I E N T E R T A I N E R
```

BALLOONS	GAMES	MUSIC
BANNERS	GIFTS	NAPKINS
CAKE	GLASSES	PLATES
CARDS	GUESTS	PRESENTS
CLOWN	HAPPY	SONGS
ENTERTAINER	HATS	SPEECH
FOOD	INDOORS	THEME
FRIENDS	LAUGHTER	WISHES

```
        E S C W
    P H S T E R A N
  W T O H J S J C O K
K F L D S K B M O G F D
  O N L A A I D N D Y F N
K T E A Y V L T N J I A O R
F D T S C S Y A I H I N N M
Y O D H U I Y O G V L D N D
U G P Y E T M A I Y I G A K
  E F U R L C B A L I T M
  R P A S C I K J M P A Y
    P T H M A F C C H K
    E H S P R E A D
        H L S D
```

*I am
the life
of the
party and
spread
only
joy and
positivity.*

Affirm

```
T C U V G T S E T O R P K B Y
V A L I D A T E E Y P E A M L
E G E L L A N V K X M P V L X
D N E F E D I D D A R X P A N
F A C N B T X E L O R E R R I
E E Q J I C O N F O R M O S A
T S G S P E T E D A H T N A T
A X O D N R S G L A R P O G N
T P Y P E S T C R O K Y U R I
S E Y S E L E F P W U F N E A
K Y S H D D P P T R S I C E M
T A E W P N U A V O W T E F Q
F D Q V E S T M K C F R S Y H
S U B S T A N T I A T E R A M
O X H K E S R O D N E C K A Y
```

AGREE

ALLEGE

ASSERT

AVER

AVOW

CERTIFY

CONFORM

DECLARE

DEFEND

DEPOSE

ENDORSE

MAINTAIN

PLEDGE

POSITIVE

PROFESS

PRONOUNCE

PROTEST

SAY

STATE

SUBSTAN-
TIATE

SUPPORT

SWEAR

UPHOLD

VALIDATE

```
        D F I
    L J T E U J E
   H F I N H S N V V
  S U S E V T W I E Y J
   I H E L U I O Y R Y
  J C D G C T W N J Y E F L
  N O H O P E D P G T B K I
  R U I O P K E N T H J A E
  L E A L P L L H I M L
  D B E L D L J M N E S
   H D E I I S A G I
    L B B F F D A
        J R E
```

I am

living

a life

filled with

everything

I could

need or

desire.

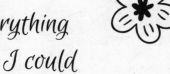

SOLUTIONS

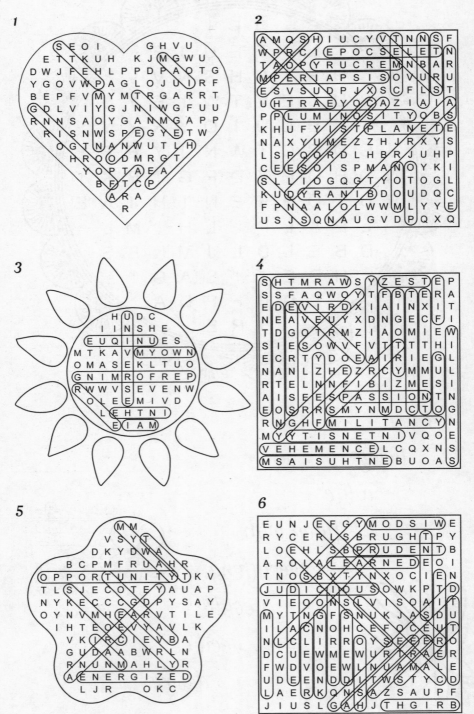

SOLUTIONS

7

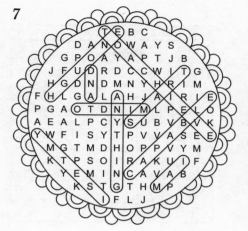

8

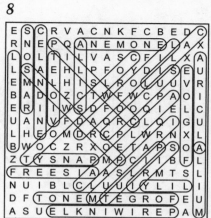

9

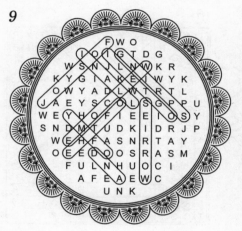

10

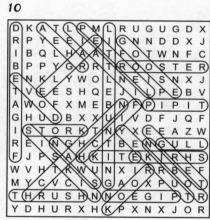

11

12

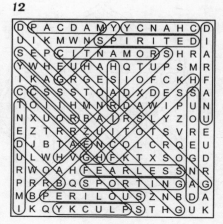

SOLUTIONS

13

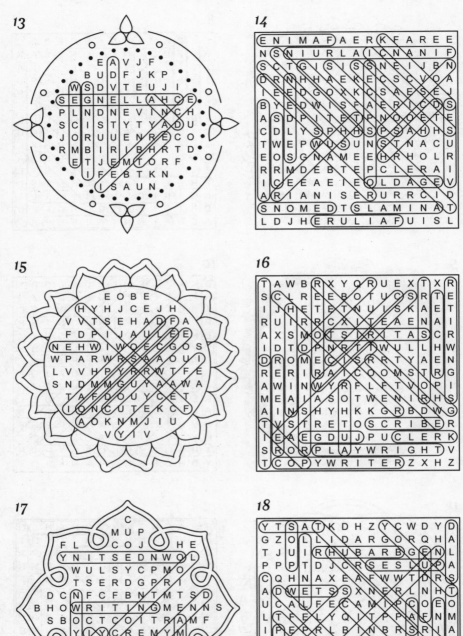

```
      E A V J F
    B U D F J K P
    W S D V T E U J I
  S E G N E L L A H C E
  P L N D N E V I N C H
  S J C O M E I S T Y T Y A D U
  J R M E T B I R U U E N R E C O
    I F E B T R U I B H R T D
      I S A U N
```

14

```
E N I M A F A E R K F A R E E
N S N I U R L A I C N A N I F
S C T G I S I S S N E I J B N
D R N H H A E K E C S C V O A
B E E D G O X K C S A E S E J
Y E D W I S F A E R I C D S
A S D L Y S P H R S P S A H H
T W E P W U S U N S T N A C U
E O S G N A M E E H R H O L R
R R M D E B T E P C L E R A I
I C E E A E I E O L D A G E V
A R I A N I S E R U R R C I D
S N O M E D T S L A M I N A T
L D J H E R U L I A F U I S L
```

15

```
        E O B E
      H Y H J C E J H
      V V T S E H A D F A
      F D P I J A U L E E
    N E H W I W O E C G O S
    W P A R W F S A A O U I
    L V V H P Y R R W T F E
    S N D M M G U Y A A W A
    T A F D O U Y C E T
    I O N C U T E K C F
      A O K N M J I U
        V Y I V
```

16

```
T A W B R X Y Q R U E X T X R
S C L R E E B O T U C S R T E
I J H E T E T N U I S K A E T
R U I R R C X I T E A E N A I
A X S M O K T S R I T A S C R
I D T O D P N R T W U L L H W
D R O M E C I S R R T Y A E N
R E R I N W Y R F L F T V O I
A M E I A S O T W E N I R H S
M A I N S H Y H K K G R B D W G
A T V S T R E T O S C R I B E R
T I E A E G D U J P U C L E R K
S R O R P L A Y W R I G H T V
T C O P Y W R I T E R Z X H Z
```

17

```
        C
      M U P
    F L   C O J     H E
  Y N I T S E D N W O L
    W U L S Y C P M O
    T S E R D G P R I
  D C N F C F B N T M T S D
  B H O W R I T I N G M E N N S
  S B O C T C O I T R A M F
    Y I Y C R E M Y M
    M M A B B H R V I C
  V F B F M G O I U N C
    O R   T T S     J P
        S H A H
          H
```

18

```
Y T S A T K D H Z Y C W D Y D
G Z O L L I D A R G O R Q H A
T J U I R H U B A R B G E N L
P P P T D J C R S E S U P A
C Q H N A X E A F W W T D R S
A U D W E T S X N E R L N H T
U C A L F E C A M I P C O E O
L I T F E L Y Q I T P A F N M
I F P E P R L B I N B R S R A
F E P R U B O J P A B S F G T
L O A O E R N N V N A G E V R O
O N T C M I Z W G E H R U E I
W U A T Y H K U I O P W O O B
E I F D N B S M R I L Z U A
F O E L W V G I B B E H A E
```

168

SOLUTIONS

19

20

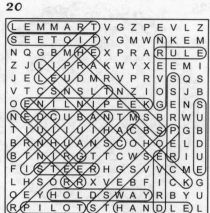

21

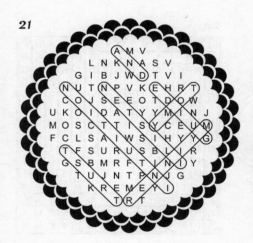

22

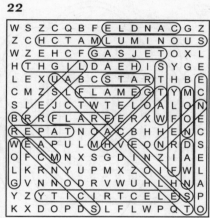

23

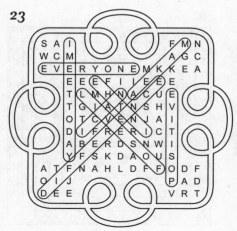

24

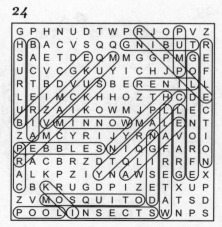

25

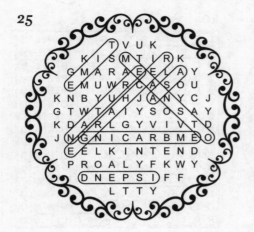

26

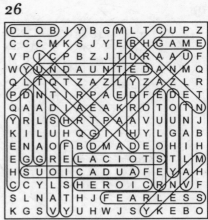

27

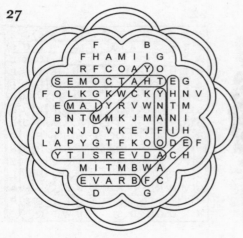

28

29

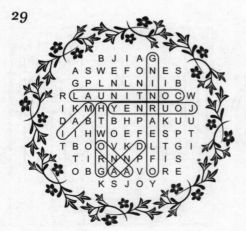

30

SOLUTIONS

31

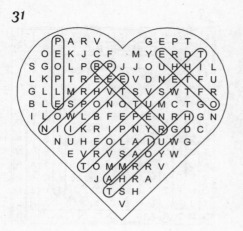

32

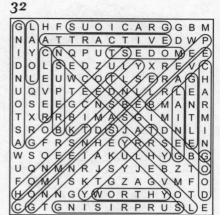

33

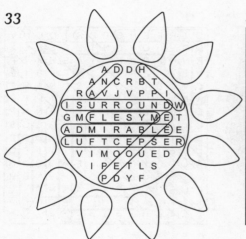

34

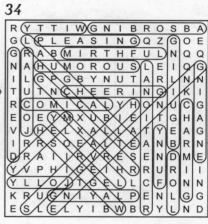

35

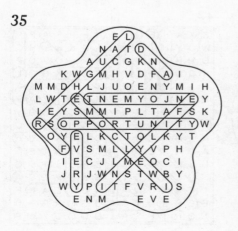

36

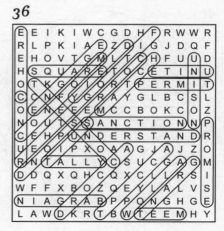

SOLUTIONS

37

38

39

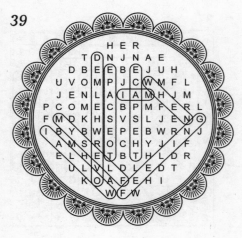

40

41

42

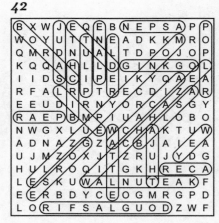

SOLUTIONS

43

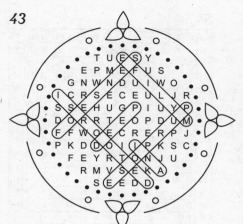

44

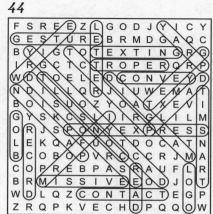

45

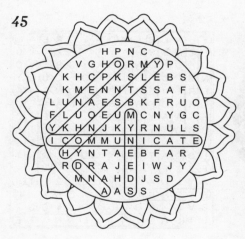

46

47

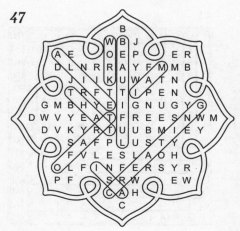

48

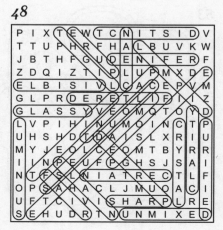

SOLUTIONS

49

50

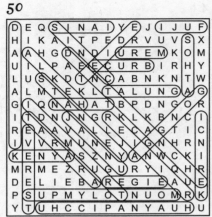

51

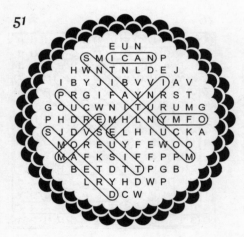

52

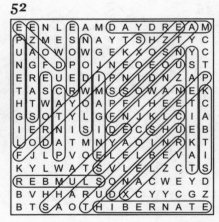

53

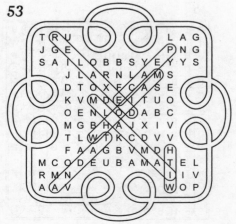

54

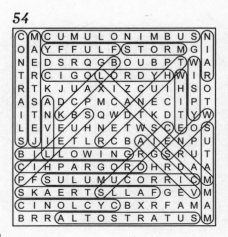

SOLUTIONS

55

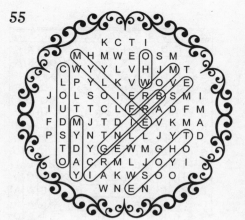

56

57

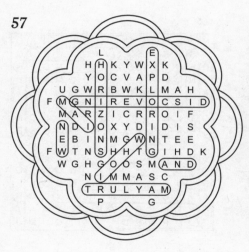

58

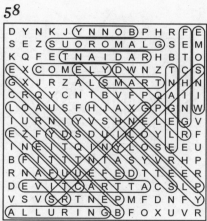

59

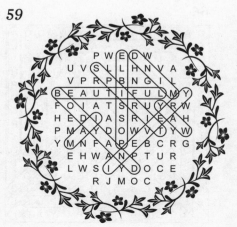

60

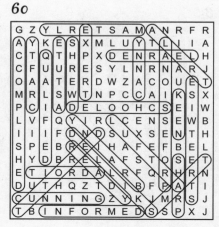

SOLUTIONS

61

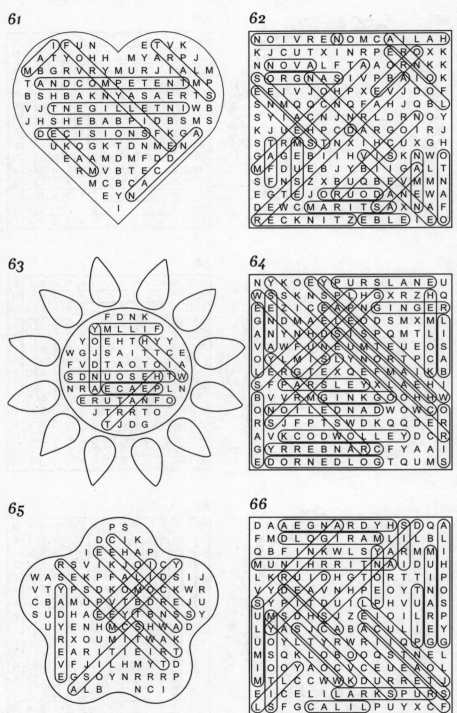

62

63

64

65

66

SOLUTIONS

67

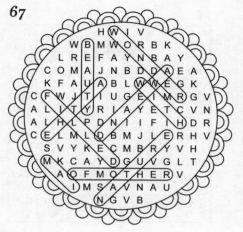

68

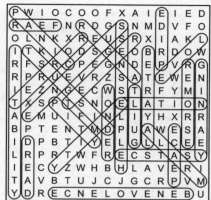

69

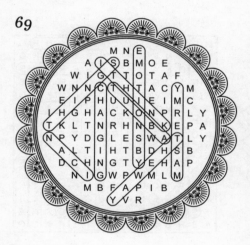

70

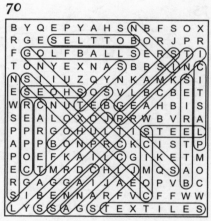

71

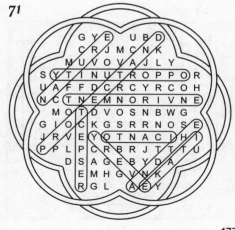

72

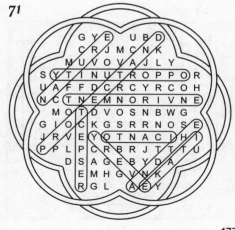

SOLUTIONS

73

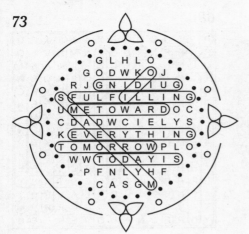

74

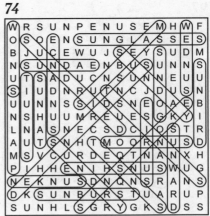

75

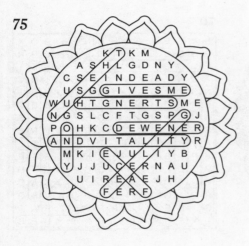

76

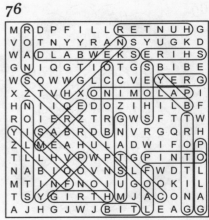

77

78

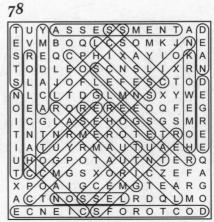

SOLUTIONS

79

80

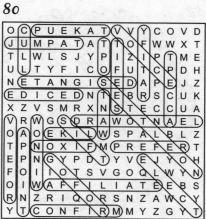

81

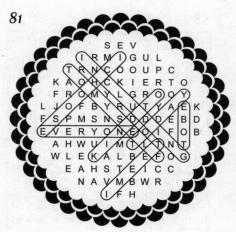

82

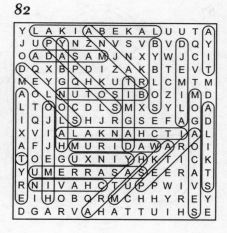

83

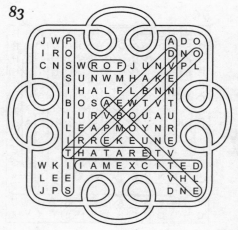

84

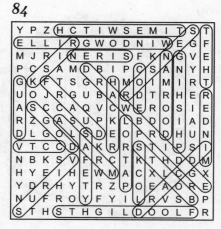

SOLUTIONS

85

86

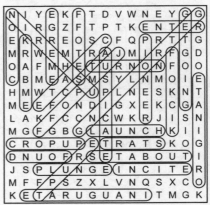

87

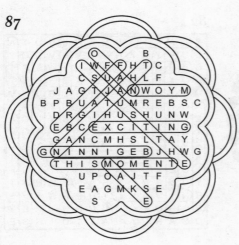

88

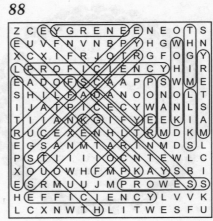

89

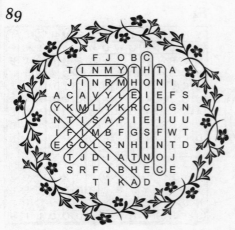

90

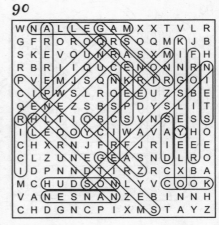

180

SOLUTIONS

91

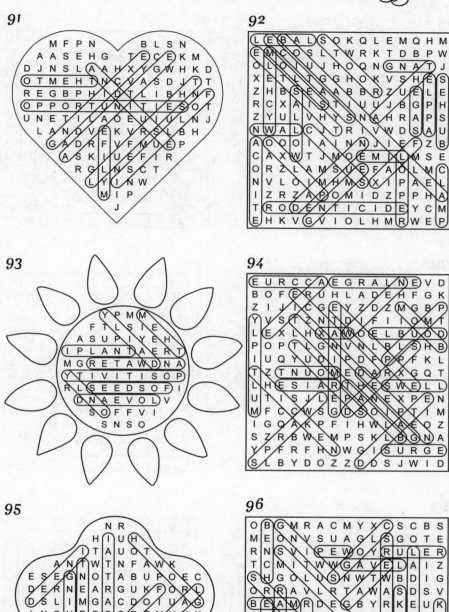

92

93

94

95

96

SOLUTIONS

97

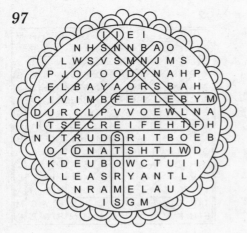

98

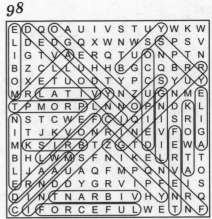

99

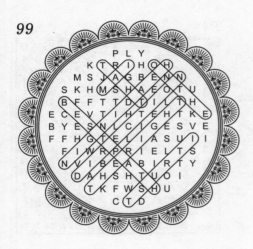

100

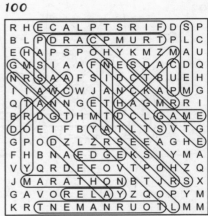

101

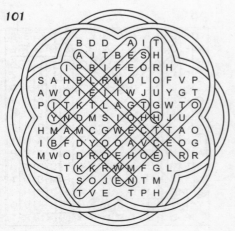

102

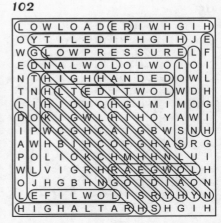

SOLUTIONS

103

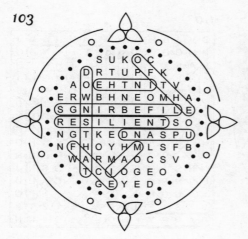

104

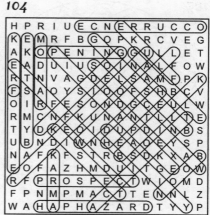

105

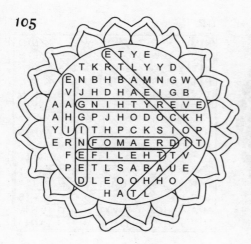

106

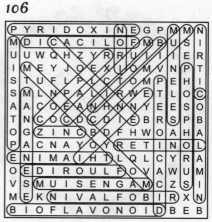

107

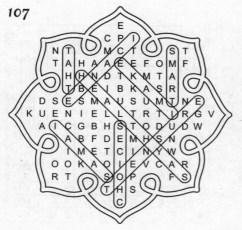

108

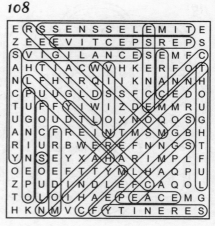

SOLUTIONS

109

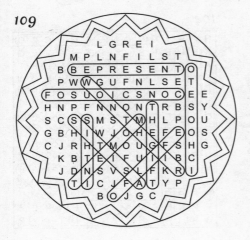

110

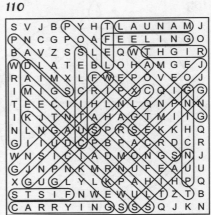

111

112

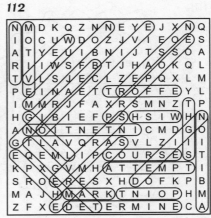

113

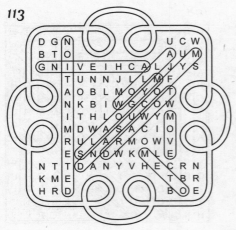

114

SOLUTIONS

115

116

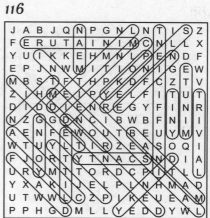

117

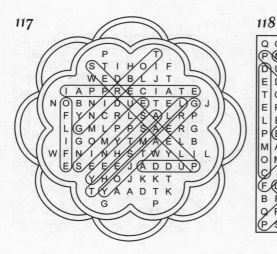

118

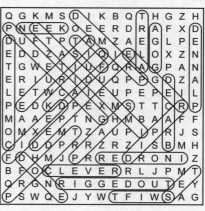

119

120

SOLUTIONS

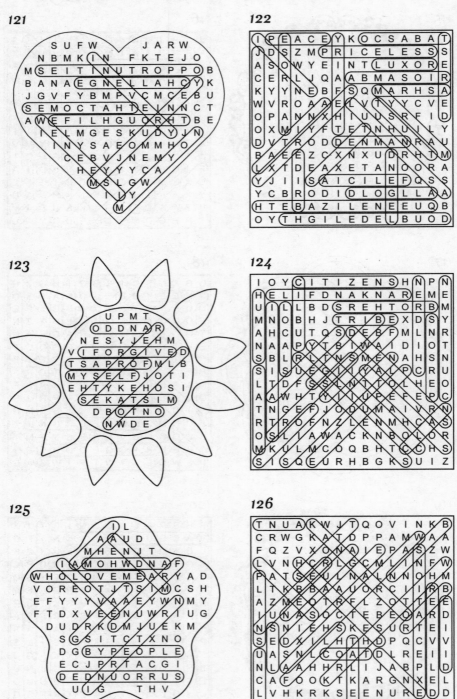

SOLUTIONS

127

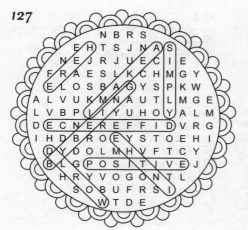

128

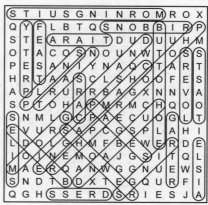

129

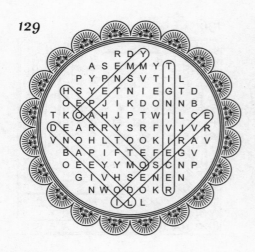

130

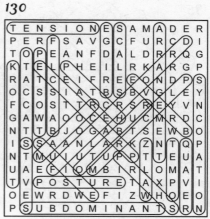

131

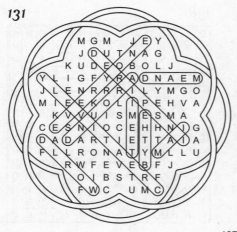

132

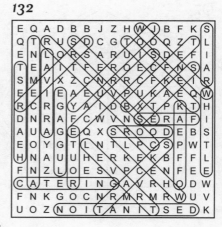

SOLUTIONS

133

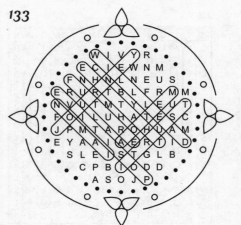

134

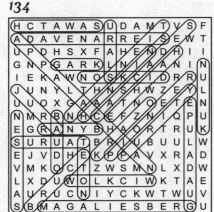

135

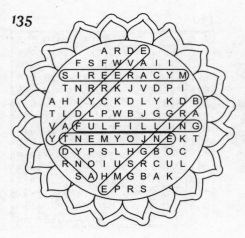

136

137

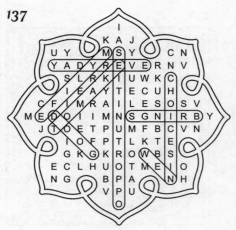

138

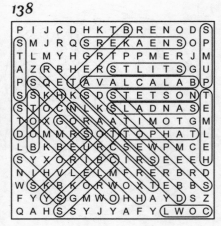

SOLUTIONS

139

140

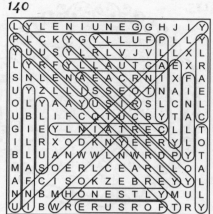

141

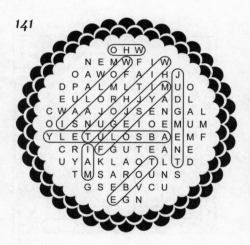

142

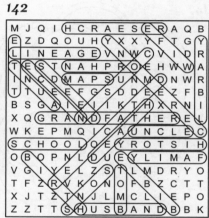

143

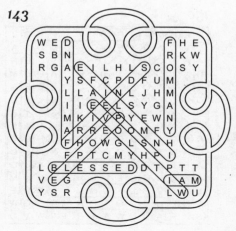

144

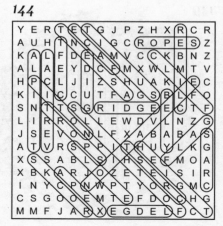

SOLUTIONS

145
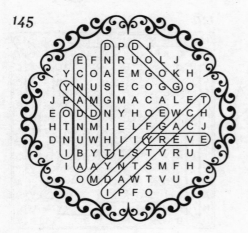

146
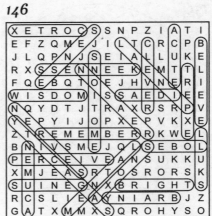

147
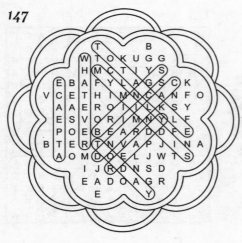

148
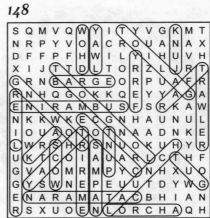

149
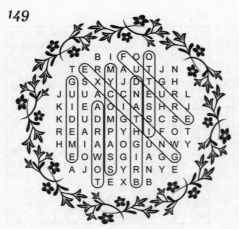

150
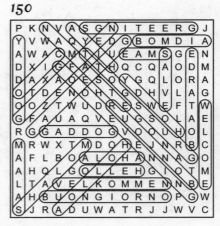

SOLUTIONS

151

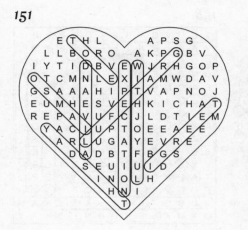

152

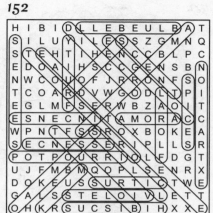

153

154

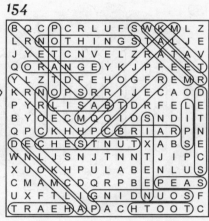

155

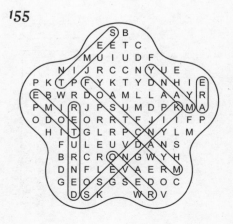

156

SOLUTIONS

157

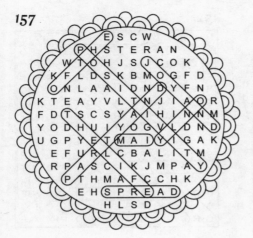

158

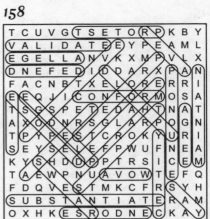

159

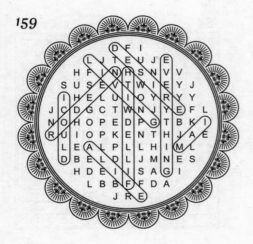